사자성경
四字聖經

사자성경
四字聖經

2. 시편

정종기 편저

홍성사.

머리말

소년 시절부터 아버지께 한학의 가르침을 받았으나 마음에 깊이 새기지 못했다. 그러다 1980년대 말 서강회書講會에서 한문 지식이 부족함을 깨닫고 큰 충격을 받았다. 한문 학습에 대한 필요성을 절실히 느껴 시중에 나와 있는 한문 서적을 구해 익혀 보았으나, 시간을 투자한 만큼의 효과를 얻지 못했다. 조급한 마음은 오히려 한문을 익히는 데 장애물이 되었고, 고루하기 그지 없는 한문 학습서들은 흥미를 떨어뜨려 여러 차례 도전과 실패를 반복했다. 그러던 중 한문 성경을 접하면서 한학에 흥미를 찾게 되었다. "성경을 알면 한문이 보인다"라는 말이 체현되는 감격의 순간순간이었다. 성경 구절을 통해 한문 학습까지 할 수 있는 일거양득의 수확을 거둘 수 있었다. 이를 성경 제자반을 운영하면서 칠언七言과 오언五言으로 구성하여 교육해 보았으나 익숙지 않은 긴 구절 탓에 학생들 마음에 간명한 깨달음을 주기 어려웠다. 결국 한국인들에게 익숙하기도 하고 기억하기도 쉬운 형태가 사자성어四字成語임을 확인하며 사자성경으로 구성하게 되었다.

1971년 초등학교 교과서에서 한자가 사라진 뒤 한문에 대한 지식 수준은 차츰 저하되었다. 삶의 지혜이자 진리를 담고 있는 사자성어에 대한 활용도 역시 급속하게 낮아졌다. 하지만 한국어의 70퍼센트가 한자어로 되어 있기에 한국어를 제대로 이해하기 위해 한자의 어원을 이해하는 것은 필수라 하겠다.
다행스러운 것은 근래 어린이들이 한자에 부쩍 흥미를 갖게 되었고, 어휘 습득 과정에서 한자 학습의 필요성이 부각되고 있는 점이다. 초등학교 교과서에 한글 한자 병용의 도입 필요성이 대두되고 있다. 한자 교육은 언어를 익히는 기본이라 할 수 있으며 학습자들의 학문적 인식에 많은 영향을 미치기 마련이다. 한자 문화의 중요성이 다시 부각되는 현실에서 사자성경을 통해 성경 말씀을 많은 사람들의 입에서 회자되도록 한다면, 사회 인성교육의 중심 교재로, 학문의 바탕으로, 전도의 말씀으로 크게 도움이 되리라 사료된다. 사자성경이 사자성어처럼 일상 회화의 윤활유 기능으로서, 진리와 지혜를 전하는 말씀으로서 널리 회자되길 바란다.

2018년 3월

정종기

차례

머리말 4

시편詩篇 11

참고문헌 490

일러두기

◦본서는 성경을 통해 한자를 쉽게 익힐 수 있는 학습서로, 성경 구절을 사자四字로 구성하여 가독성을 높이고, 독자가 내용을 필경筆經할 수 있는 자리를 두었다.

예시) 태초에 하나님이 → 太初上帝 〔클(태) 처음(초) 하늘(상) 임금(제)〕

천지를 창조하시니라 → 創造天地 〔만들(창) 지을(조) 하늘(천) 땅(지)〕

◦언어 학습이 더 확장되도록 한문/훈독/영어/중국어 순으로 편성했다.

◦자주 사용되는 어조사(실질적인 뜻은 없고 다른 글자의 보조로 쓰이는 토) '야也', '어於', '언焉', '여歟', '재哉', '호乎' 등은 문맥에 맞게 해석하고자 했다.

◦특별히 설명이 더 필요한 한자와 영어 단어는 그 뜻을 추가해 넣었다.

◦인명과 지명은 성경에서 통용되는 발음을 중국에서 사용하는 한자어로 표기했고, 밑줄로 구분하여 놓았다.

◦성경의 내용 전부를 사언고시로 엮기에 한계가 있어, 스토리로 흐르면서도 일반적으로 널리 알려진 중요 내용을 취하여 엮었다.

◦본서에서 한글 성경은 개역한글판(1996년 발행)을 참조했다.

◦영어 성경은 NIV, KJV, NASB, GNB를 참조했다.

◦한문 성경은 漢文聖經 梨花出版社, 國漢文聖經全書, 現代中文譯本修整版 聖經, 新舊約全書 上帝版 聖經을 참조했다.

◦본서의 한자 수는 약 3,600자이며, 겹친 한자를 제외하면 2,700자 이상을 익힐 수 있다.

◦독자들이 필경하기 좋도록 180도 펼칠 수 있는 PUR 제본을 하였다.

◦한국저작권위원회 인문학 분야 특허로 아래와 같이 저작권등록이 되어 있다.

1권 창세기-욥기: 제 C-2016-003020호
2권 시편: 제 C-2016-003021호
3권 잠언-아가: 제 C-2016-004076호
4권 이사야-에스겔: 제 C-2016-012849호
5권 다니엘-말라기: 제 C-2016-017283호
6권 마태복음-요한복음: 제 C-2016-018658호
7권 사도행전-갈라디아서: 제 C-2016-019278호
8권 에베소서-요한계시록: 제 C-2016-020202호

詩	篇
시(시)	책(편)

시편

詩	篇

구약성서의 열아홉 번째 경서, 땅에서 부르는 하늘나라의 노래가 시편이다. 시편은 성전에서 예배를 위해 지어졌다. 시편에서는 찬양과 강한 믿음 그리고 깊은 절망, 어리석음과 현명함, 사랑과 증오 등의 인간의 감정이 섞여 있다. 전체적으로 하나님께 감사 찬양 성전에서 예배의 찬양의 시로, 대체적으로 시편에 제목과 저자가 기록되어 있다. 특히 함은 시편을 예수께서 사용하셨으며 아울러 신약의 저자들도 인용한 영원한 하늘의 시가이다.

PSALMS

不	從	惡	人
아닐(부)	따를(종)	악할(악)	사람(인)

악인들을 따르지 아니하며,

不	從	惡	人

不	坐	慢	座
아닐(부)	앉을(좌)	오만(만)	자리(좌)

오만한 자리에 앉지 아니하고,

不	坐	慢	座

악인들을 따르지 아니하며 오만한 자리에 앉지 아니하고, (시 1:1)

Not walk in the counsel of the wicked, nor sit in the seat of scoffers.

*scoff [skɔ:f, skɑf] n. 비웃음, 냉소, ~er 오만자, 냉소자.

不从恶人的计谋,不坐亵慢人的座位,

主	之	律	法
여호와(주)	~의(지)	법칙(율)	법(법)

여호와의 율법을

主	之	律	法

晝	夜	思	惟
낮(주)	밤(야)	생각할(사)	생각할(유)

주야로 묵상한다.

晝	夜	思	惟

여호와의 율법을 주야로 묵상하는도다. (시 1:2)

The law of the Lord, and meditates day and night.

*med · i · tate [médətèit] vi. 묵상하다, 명상하다. ~ deeply 깊이 명상하다.

耶和华的律法，昼夜思想，

似	此	之	人
닮을(사)	이(차)	~의(지)	사람(인)

이 같은 사람들은

便	爲	有	福
곧(변)	할(위)	있을(유)	복(복)

곧 복 받은 사람들이다.

似	此	之	人

便	爲	有	福

이 같은 사람들은 곧 복 받은 사람이로다. (시 1:2)

*便(편, 변): 편하다(편), 소식(편), 곧(변), 문득(변).

As like the man, how blessed is the man

这人便为有福!

彼	如	樹	木
그(피)	같을(여)	나무(수)	나무(목)

그는 나무와 같은데,

植	於	溪	旁
심을(식)	에(어)	시내(계)	곁(방)

시내 가에 심겨진 것이다.

彼	如	樹	木

植	於	溪	旁

그는 시냇가에 심은 나무와 같으며, (시 1:3)

He is like a tree planted by streams of water.

他要像一棵树栽在溪水旁,

臨	時	結	果
임할(림)	때(시)	맺을(결)	실과(과)

때를 따라 열매를 맺으며,

其	葉	不	枯
그(기)	잎(엽)	아닐(불)	마를(고)

그 잎사귀는 마르지 않는다.

臨	時	結	果

其	葉	不	枯

때를 따라 열매를 맺으며 그 잎사귀는 마르지 아니함이니, (시 1:3)

Which yields its fruit in its season and its leaf does not wither.

按时候结果子,叶子也不枯乾.

所	爲	之	事
바(소)	할(위)	~의(지)	일(사)

(그가) 하는 모든 일이 다,

所	爲	之	事

無	不	亨	通
없을(무)	아닐(불)	형통할(형)	통할(통)

거리낌 없이 다 형통할 것이다.

無	不	亨	通

(그가) 하는 모든 일이 거리낌 없이 다 형통할 것이라. (시 1:3)

And in whatever he does, he prospers.

*pros · per [práspər/prɔ́s-] vi., vt.형통하다, 번영하다.

凡他所作的，尽都顺利.

維	彼	惡	人
생각할(유)	그(피)	악할(악)	사람(인)

그 악인들을 생각해 보면

維	彼	惡	人

決	不	如	此
결단할(결)	아닐(불)	같을(여)	이(차)

결코 그렇지 않다.

決	不	如	此

그 악인들을 생각하면 결코 그렇지 아니하나이다. (시 1:4)

The wicked are not so.

恶人并不是这样,

乃	如	糠	粃
너(내)	같을(여)	겨(강)	쭉정이(비)

너는 겨와 쭉정이 같아서,

乃	糠	糠	粃

隨	風	吹	散
따를(수)	바람(풍)	불(취)	흩을(산)

바람에 따라 날리고 흩어진다.

隨	風	吹	散

너는 겨와 쭉정이 같아서, 바람에 따라 날리고 흩어진다. (시 1:4)

They are like chaff that the wind blows away.

*乃(내): 이에, 너, 당신, 곧, 그래서, 더구나, 도리어, 비로소, 또, 다만, 어찌, 이전에.

乃像糠秕被风吹散.

蓋	主	保	護
대개(개)	여호와(주)	지킬(보)	보호할(호)

여호와께서 보호하신 것은

義	人	之	道
옳을(의)	여호와(주)	~의(지)	길(도)

의로운 사람들의 길이다.

蓋	主	保	護

義	人	之	道

의로운 사람들의 길은 여호와께서 보호하시나이다. (시 1:6)

*蓋(개):덮다, 대개, 아마도, 모두, 그래서.

The righteous are guided protected by the Lord.

因为耶和华知道义人的道路;

惡	人	之	道
악할(악)	사람(인)	~의(지)	길(도)

악인들의 길은

惡	人	之	道

卻	必	滅	亡
도리어(각)	반드시(필)	멸할(멸)	망할(망)

필히 멸망할 것이다.

卻	必	滅	亡

악인들의 길은 필히 멸망하리로다. (시 1:6)

*卻(각): 도리어, 반대로, 물리치다, 피하다, 사양하다, 발어사, 사양하다.

But the way of the wicked will perish.

恶人的道路,却必灭亡.

現	列	王	歟
이제(현)	여러(렬)	임금(왕)	이여(여)

지금의 군왕들아,

現	列	王	歟

爾	當	覺	悟
너(이)	마땅(당)	깨달을(각)	깨달을(오)

너희는 마땅히 깨달아야 한다.

爾	當	覺	悟

지금의 군왕들아 너희는 마땅히 깨달음을 가져야 하느니라. (시 2:10)

Therefore, you kings, be wise.

现在. 你们君王应当醒悟!

世	掌	權	者
인간(세)	손바닥(장)	권세(권)	사람(자)

세상의 권력자(통치자)들아,

世	掌	權	者

須	受	警	敎
마땅(수)	받을(수)	경계(경)	가르칠(교)

경고하는 이 말을 받아들여라.

須	受	警	敎

세상의 권력자(통치자)들아, 경고하는 이 말을 받아들여라. (시 2:10)

*須(수): 모름지기, 마땅히, 마침내, 반드시.

Be warned, you rulers of the earth.

你们世上的审判官该受管教!

敬	畏	奉	主
공경(경)	두려울(외)	섬길(봉)	여호와(주)

여호와를 경외함으로 섬기고,

敬	畏	奉	主

喜	樂	悚	懼
기쁠(희)	즐길(락)	두려울(송)	두려울(구)

기뻐 즐거워하며 두려워하라.

喜	樂	悚	懼

여호와를 경외함으로 섬기고 기뻐 즐거워하며 두려워해야 할지라. (시 2:11)
But from the fruit of the tree which is in the middle of the garden,
当存畏惧事奉耶和华, 又当存战兢而快乐.

主	倚	賴	者
여호와(주)	의지할(의)	의뢰할(뢰)	사람(자)

주를 의지하는 자들은

主	倚	賴	者

俱	爲	有	福
함께(구)	할(위)	있을(유)	복(복)

모두 다함께 복이 있다.

俱	爲	有	福

주를 의지하는 모든 사람 다함께 복이 있도다. (시 2:12)

Blessed are all who take refuge in him.

*ref·uge [réfju:dʒ] n. 의지, 안전지대(safety island), 의지가 되는 사람.

凡投靠主的, 都是有福的.

公	義	之	主
공의(공)	옳을(의)	~의(지)	여호와(주)

공의의 하나님이여,

我	呼	籲	時
나(아)	부를(호)	부를(유)	때(시)

제가 간절히 부를 때

公	義	之	主

我	呼	籲	時

공의의 하나님이여 제가 간절히 부를 때, (시 4:1)

*主(주): 임금, 여호와, 주인, 하나님, 주관하다.

O my righteous God, when I call you.

显我为义的 神阿, 我呼吁的时候,

望	主	應	允
바랄(망)	여호와(주)	응할(응)	허락(윤)

응답하여 주십시오.

我	遭	窘	困
나(아)	만날(조)	군색할(군)	곤할(곤)

제가 곤궁에 빠졌습니다.

望	主	應	允

我	遭	窘	困

응답하여 주소서, 내가 곤궁에 빠졌나이다. (시 4:1)

*允(윤): 허락하다, 마땅하다, 승낙하다, 맏아들, 진실.

Give me relief from my distress.

求你应允我, 我在困苦中,

主	憐	恤	我
하나님(주)	불쌍할(련)	불쌍할(휼)	나(아)

하나님이여 나를 긍휼히 여기시고,

聽	我	祈	禱
들을(청)	나(아)	빌(기)	기도할(도)

나의 기도를 들어 주십시오.

主	憐	恤	我

聽	我	祈	禱

하나님이여 나를 긍휼히 여기시고 나의 기도를 들으소서. (시 4:1)

*主(주): 주인, 하나님, 임금, 여호와, 주체, 상전.

O God, be merciful to me and hear my prayer.

现在求耶和华怜恤我, 听我的祷告!

喜	愛	虛	假
기쁠(희)	사랑(애)	헛될(허)	거짓(가)

(너희들은)**거짓과 헛된 것을 좋아하고,**

喜	愛	虛	假

尋	求	詭	詐
찾을(심)	구할(구)	속일(궤)	속일(사)

거짓을 찾고 구하려 하는가?

尋	求	詭	詐

거짓과 헛된 것을 좋아하고 거짓을 찾으며 구하려 하는가? (시 4:2)

*虛(허): 비다, 헛되다, 공허하다, 폐허.

How long will you love what is worthless and aim at deception?

你们喜爱虚妄, 寻梢虚假,

我	呼	籲	主
나(아)	부를(호)	부를(유)	여호와(주)

내가 여호와를 부를 때에

我	呼	籲	主

主	必	應	允
여호와(주)	반드시(필)	응할(응)	허락(윤)

여호와께서 필히 들으십니다.

主	必	應	允

내가 주를 부를 때에 여호와께서 필히 들으십니다. (시 4:3)
The Lord hears when I call to him.
我求告耶和华, 他必听我.

爾	當	警	懼
너(이)	마땅(당)	경계할(경)	두려울(구)

너희는 경계하고 떨며,

爾	當	警	懼

不	可	犯	罪
아닐(불)	옳을(가)	범할(범)	허물(죄)

범죄하지 말며,

不	可	犯	罪

너희는 경계하고 떨며 범죄하지 말며, (시 4:4)

Tremble, and do not sin,

你们应当畏惧, 不可犯罪;

在	寢	牀	時
있을(재)	잘(침)	침상(상)	때(시)

자리에 누워 있을 때,

在	寢	牀	時

心	宜	思	念
마음(심)	마땅(의)	생각(사)	생각(념)

심중에서 마땅히 잠잠하여라.

心	宜	思	念

자리에 누워 있을 때 심중에서 마땅히 잠잠할지어다. (시 4:4)

When you lie in silence on your beds.

在床上的时候, 要心里思想, 并要肃静.

獻	虔	誠	祭
드릴(헌)	공경할(건)	정성(성)	제사(제)

올바른 제사를 드리고,

當	仰	賴	主
마땅(당)	우러를(앙)	의뢰할(뢰)	여호와(주)

마땅히 주님을 우러러 의지하라.

獻	虔	誠	祭

當	仰	賴	主

올바른 제사를 드리고, 마땅히 주님을 우러러 의지할지어다. (시 4:5)

Offer the sacrifices of righteousness, and trust in the Lord.

当献上公义的祭, 又当倚靠耶和华.

求	主	淸	晨
구할(구)	여호와(주)	맑을(청)	새벽(신)

아침에 여호와께 구하오니,

聽	我	聲	音
들을(청)	나(아)	소리(성)	소리(음)

나의 소리를 들어주십시오.

求	主	淸	晨

聽	我	聲	音

아침에 여호와께 구하오니 나의 소리를 들으소서. (시 5:3)

In the morning, O Lord, you hear my voice.

耶和华阿, 早晨你必听我的声音;

主	爲	上	帝
여호와(주)	할(위)	하늘(상)	임금(제)

여호와 하나님은

主	爲	上	帝

不	喜	惡	事
아닐(불)	기쁠(희)	악할(악)	일(사)

죄악을 기뻐하지 않으십니다.

不	喜	惡	事

여호와 하나님은 죄악을 기뻐하지 않으시며, (시 5:4)

You are not a God who is pleased with wrongdoing,

因为你不是喜悦恶事的 神,

不	容	惡	人
아닐(불)	얼굴(용)	악할(악)	사람(인)

악인을 용납하지 않으시기에

不	容	惡	人

不	與	主	居
아닐(불)	함께할(여)	여호와(주)	살(거)

주와 함께 거하지 못합니다.

不	與	主	居

악인을 용납하지 않으시기에 주와 함께 거하지 못함이라. (시 5:4)

*與(여), 더불어, 함께하다, 같이하다, 참여하다, 허락하다.

You allow no evil in your presence.

恶人不能与主同居.

出	誑	言	者
날(출)	거짓(광)	말씀(언)	사람(자)

거짓을 내뱉는 자들을

主	必	滅	絶
여호와(주)	반드시(필)	멸할(멸)	끊을(절)

주께서 필히 멸망시키십니다.

出	誑	言	者

主	必	滅	絶

거짓을 내뱉는 자들을 주께서 필히 멸망시키시나이다. (시 5:6)

You destroy those who speak falsehood.

**false · hood [fɔ́ːlshùd] n. 거짓말, 기만.

说谎言的, 主必灭绝;

殘	詭	詐	者
잔인할(잔)	속일(궤)	속일(사)	사람(자)

잔인하게 거짓말하는 자들은

主	必	厭	棄
여호와(주)	반드시(필)	싫어할(염)	버릴(기)

주께서 싫어하십니다.

殘	詭	詐	者

主	必	厭	棄

잔인하게 거짓말하는 자들은 주께서 싫어하시나이다. (시 5:6)

The Lord will abhor the bloody and deceitful man.

*ab·hor [æbhɔ́ːr, əb-] vt. 몹시 싫어하다, 혐오하다, 멸시하다. *de·ceit·ful [disíːtfəl] a. 사람을 속이는, 거짓의, 사기적인.

殘忍的诡诈人, 都为耶和华所憎恶.

喉	如	陷	坑
목구멍(후)	같을(여)	빠질(함)	구덩이(갱)

(그들의) **목구멍은 열린 무덤 같고,**

喉	如	陷	坑

用	舌	阿	諂
쓸(용)	혀(설)	영합(아)	아첨(첨)

(그들의) **혀로는 아첨합니다.**

用	舌	阿	諂

(그들의) 목구멍은 열린 무덤 같고 (그들의) 혀로는 아첨하나이다. (시 5:9)

Their throat is an open grave, they flatter with their tongue.

他们的喉咙，是敞开的坟墓；他们用舌头谄媚人.

口	無	正	直
입(구)	없을(무)	바를(정)	곧을(직)

(그들의) **입에 정직함이 없습니다.**

心	懷	奸	惡
마음(심)	품을(회)	간사할(간)	악할(악)

(그들의) **심중이 심히 악하였습니다.**

口	無	正	直

心	懷	奸	惡

(그들의) 입에 정직함이 없고 (그들의) 심중이 심히 악하였나이다. (시 5:9)

Not a word from their mouth can be trusted, their heart is filled with destruction.

因为, 他们的口中没有诚实; 他们的心里满有邪恶;

主	之	威	名
여호와(주)	~의(지)	위엄(위)	이름(명)

주님의 위엄 있는 이름이

宣	揚	在	地
떨칠(선)	날릴(양)	있을(재)	땅(지)

온 땅에서 넘칩니다.

主	之	威	名

宣	揚	在	地

주님의 위엄 있는 이름이 온 땅에서 넘치는지요. (시 8:1)

*宣(선): 떨치다, 베풀다, 널리 펴다

O Lord, our Lord, how majestic is your name in all the earth.

主的名在全地何其美!

主	之	榮	耀
여호와(주)	~의(지)	영화(영)	빛날(요)

여호와의 영광이

顯	現	在	天
드러날(현)	나타날(현)	있을(재)	하늘(천)

하늘을 덮었습니다.

主	之	榮	耀

顯	現	在	天

여호와 영광이 하늘을 덮었나이다. (시 8:1)

*顯(현): 드러나다, 나타나다, 명백하다, 뚜렷하다.

O Lord, you have set your glory above the heavens

主将你的荣耀彰显于天.

主	造	之	天
여호와(주)	지을(조)	~의(지)	하늘(천)

여호와가 만드신 하늘과,

主	設	星	月
여호와(주)	베풀(설)	별(성)	달(월)

여호와께서 베풀어 두신 달과 별들입니다.

主	造	之	天

主	設	星	月

여호와가 만드신 하늘과 여호와께서 베풀어 두신 달과 별들이나이다. (시 8:3)
When I look at the sky, which you have made, the moon and the stars.
主指头所造的天, 并主所陈设的月亮星宿,

世	人	爲	誰
인간(세)	사람(인)	할(위)	누구(수)

사람이 누구이기에

世	人	爲	誰

主	竟	垂	念
여호와(주)	마침내(경)	드리울(수)	생각(념)

여호와께서 (그를) 생각하시며,

主	竟	垂	念

사람이 누구이기에 여호와께서 (그를) 생각하시며, (시 8:4)
What is man that you take thought of him,
便说, 世人什么, 你竟顾念他!

人	子	爲	誰
사람(인)	아들(자)	할(위)	누구(수)

인자가 누구이기에

主	竟	眷	顧
여호와(주)	마침내(경)	돌볼(권)	돌아볼(고)

여호와께서 (그를) 돌보십니까?

人	子	爲	誰

主	竟	眷	顧

인자가 누구이기에 주께서 (그를) 돌보시나이까. (시 8:4)
And the son of man that you care for him.
人算什么, 主竟眷顾他!

主	之	威	名
여호와(주)	~의(지)	위엄(위)	이름(명)

天	下	宣	揚
하늘(천)	아래(하)	베풀(선)	날릴(양)

주님의 위엄 있는 이름이 **온 천하에 넘칩니다.**

主	之	威	名

天	下	宣	揚

주님의 위엄 있는 이름이 온 천하에 넘치나이다. (시 8:9)

O Lord, our Lord, how majestic is your name in all the earth!

耶和华–我们的主阿, 你的名在全地何其美!

因	何	遠	立
인할(인)	어찌(하)	멀(원)	설(립)

(여호와여) 어찌하여 멀리 서시며,

因	何	遠	立

因	何	隱	藏
인할(인)	어찌(하)	숨을(은)	감출(장)

어찌하여(환난 때에) 숨으십니까?

因	何	隱	藏

(여호와여) 어찌하여 멀리 서시며 어찌하여(환난 때에) 숨으시나이까? (시 10:1)

Why do you stand afar off? why do you hide yourself?

你为什么站在远处, 为什么隐藏?

惡	人	驕	慢
악할(악)	사람(인)	교만할(교)	오만(만)

악한 자가 교만하여

逼	迫	窮	民
핍박할(핍)	핍박할(박)	궁할(궁)	백성(민)

가련한 자를 심히 압박합니다.

惡	人	驕	慢

逼	迫	窮	民

악한 자가 교만하여 가련한 자를 심히 압박하옵니다. (시 10:2)

In his arrogance the wicked man hunts down the weak.

*ar·ro·gance, -cy [ǽrəgəns], [-i] n. 교만, 오만, 거만, 건방짐

恶人在骄横中, 把困苦人追得火急;

惡	人	心	驕	無	所	慮	主
악할(악)	사람 (인)	마음(심)	교만할(교)	없을(무)	바(소)	생각할(려)	여호와(주)

악인들의 마음은 교만하여 **여호와를 생각지도 않습니다.**

惡	人	心	驕	無	所	慮	主

악인들의 마음은 교만하여 여호와를 생각지도 않나이다. (시 10:4)

The wicked, in the pride of his face, has no room in his thoughts for God.

恶人面带骄傲, 说, 耶和华必不追究.

凡	其	所	行
무릇(범)	그(기)	바(소)	행할(행)

무릇 그(악인)가 하는 일은

時	常	亨	通
때(시)	항상(상)	형통할(형)	통할(통)

항상 형통하다 하고,

凡	其	所	行

時	常	亨	通

무릇 그(악인)가 하는 일은 항상 형통하다 하고, (시 10:5)

*行(행): 다니다, 행하다, 행실, 일, 유행하다, 순시하다.

His ways are always prosperous,

*pros·per·ous [práspərəs/ prɔ́s-] a. 형통하는, 번영하는, 번창하고 있는, 성공한

凡他所作的, 时常稳固;

主	之	審	判
여호와(주)	~의(지)	살필(심)	판단할(판)

주님의 심판은

主	之	審	判

超	過	眼	界
멀(초)	지날(과)	눈(안)	지경(경)

너무 멀어서 보는 데 한계가 있습니다.

超	過	眼	界

주님의 심판은 너무 멀어서 보는 데 한계가 있나이다. (시10:5)

Your judgments are on high, out of his sight.

主的审判超过他的眼界.

心	中	爲	我
마음(심)	가운데(중)	할(위)	나(아)

심중에 나는

永	不	動	搖
영원(영)	아닐(부)	움직일(동)	흔들(요)

영원히 흔들리지 아니합니다.

心	中	爲	我

永	不	動	搖

심중에 나는 영원히 흔들리지 아니하나니, (시 10:6)
He says to himself, I will not be moved,
他心里说: 我必不动摇,

歷	世	歷	代
지날(력)	대(세)	지날(력)	대신할(대)

대대로

歷	世	歷	代

不	遇	災	難
아닐(불)	만날(우)	재앙(재)	어려울(난)

환난을 당하지 아니할 것입니다.

不	遇	災	難

대대로 환난을 당하지 아니하리라. (시 10:6)

Throughout all generations I will not be in adversity.

世世代代不遭灾难.

伏	在	鄕	里
엎드릴(복)	있을(재)	시골(향)	마을(리)

그가 마을에 엎드려 있다가

暗	中	殺	害
어두울(암)	가운데(중)	죽일(살)	해할(해)

은밀함 중에 죽이려 합니다.

伏	在	鄕	里

暗	中	殺	害

그가 마을에 엎드려 있다가 은밀함 중에 죽이는구나. (시 10:8)

He lies in wait near the villages, from ambush he murders the innocent.

*in · no · cent [ínəsnt] a. 무구한, 청정한, 순결한. 무죄의

他在村庄埋伏等候; 他在隐密处杀害无辜人.

以	目	窺	伺
로(이)	눈(목)	엿볼(규)	엿볼(사)

그 눈으로 엿보는 대상은

以	目	窺	伺

困	苦	之	人
곤할(곤)	쓸(고)	~의(지)	사람(인)

가련한 자들입니다.

困	苦	之	人

그의 눈은 가련한 자를 엿보나이다. (시 10:8)

His eyes stealthily watch for the unfortunate.

*stealthily [stélθili] ɑ. 몰래, 비밀의, 남의 눈을 피하는, 살금살금 하는. *un·for·tu·nate [ʌnfɔ́ːrtʃənit] ɑ. 가련한, 불운한, 불행한, 사회적 낙오자.

他的眼睛窺探无倚无靠的人;

心	中	爲	以
마음(심)	가운데(중)	할(위)	부터(이)

마음으로 이르기를,

上	帝	忘	却
하늘(상)	임금(제)	잊을(망)	물리칠(각)

하나님은 망각하신다 합니다.

心	中	爲	以

上	帝	忘	却

마음으로 이르기를 하나님은 망각하신다 하나이다. (시 10:11)

He says to himself, God has forgotten.

他心里说: 神竟忘记了;

遮	掩	面	目
가릴(차)	가릴(엄)	낯(면)	눈(목)

(하나님은) **얼굴도 가렸으니,**

永	不	觀	察
길(영)	아닐(불)	볼(관)	살필(찰)

영원히 보지 않으실 것이라 합니다.

遮	掩	面	目

永	不	觀	察

하나님은 얼굴도 가렸으니, 영원히 보지 않으실 것이라 하나이다. (시 10:11)

God has hidden his face, he will never see it.

神掩面, 永不观看.

求	主	興	起
구할(구)	여호와(주)	일어날(흥)	일어날(기)

여호와여 일어나십시오.

求	主	興	起

莫	忘	窮	人
없을(막)	잊을(망)	궁할(궁)	사람(인)

가난한 자들을 잊지 마십시오.

莫	忘	窮	人

여호와여 일어나소서, 가난한 자들을 잊지 마소서. (시 10:12)

Arise, Lord, do not forget the helpless.

耶和华阿, 求你起来! 不要忘记困苦人!

願	主	挫	折
원할(원)	여호와(주)	꺾을(좌)	꺾을(절)

여호와여 원하오니 꺾으실 것은

惡	人	之	臂
악할(악)	사람(인)	~의(지)	팔(비)

바로 악인의 팔입니다.

願	主	挫	折

惡	人	之	臂

여호와여 원하오니 악인의 팔을 꺾으소서. (시10:15)

Break the arm of the wicked and evil man.

愿你打断恶人的膀臂;

追	究	其	惡
좇을(추)	연구할(구)	그(기)	악할(악)

窮	盡	無	遺
다할(궁)	다할(진)	없을(무)	남길(유)

그 악한 자의 악을 샅샅이 살펴 남김없이 찾겠습니다.

追	究	其	惡

窮	盡	無	遺

악한 자의 악을 더 이상 찾아낼 수 없을 때까지 찾으소서. (시 10:15)

Seek out his wickedness till thou find none.

至于坏人, 愿你追究他的恶, 直到净尽.

主	不	念	我
여호와(주)	아닐(불)	생각(염)	우리(아)

여호와여, 우리를 잊으시기를

主	不	念	我

將	至	何	時
장차(장)	이를(지)	어느(하)	때(시)

장차 어느 때까지입니까.

將	至	何	時

여호와여 우리를 잊으시기를, 장차 어느 때까지 하시렵니까. (시 13:1)

*我(아): 나, 우리.

How long, O Lord? Will you forget me forever?

耶和华阿, 你忘记我要到几时呢?

至	永	遠	乎
이를(지)	영원(영)	멀(원)	어조사(호)

영원히

至	永	遠	乎

掩	面	不	顧
가릴(엄)	낯(면)	아닐(불)	돌아볼(고)

얼굴을 숨기시고 돌아보지 않으시렵니까?

掩	面	不	顧

영원까지 얼굴을 숨기시고 돌아보지 않으시렵니까. (시 13:1)

How long will you hide your face from me?

要到永远吗? 你掩面不顾我要到几时呢?

我	魂	煩	悶
나(아)	영혼(혼)	괴로울(번)	근심(민)

나의 영혼이 번민하고,

我	魂	煩	悶

終	日	憂	慮
마칠(종)	날(일)	근심(우)	생각할(려)

종일토록 마음에 근심합니다.

終	日	憂	慮

나의 영혼이 번민하고 종일토록 마음에 근심하나이다. (시 13:2)

How long shall I take counsel in my soul, having sorrow in my heart daily?

我心里筹算, 终日愁苦,

我	仇	人	云
나(아)	원수(구)	사람(인)	이를(운)

나의 원수가 이르기를,

我	仇	人	云

我	已	勝	之
나(아)	이미(이)	이길(승)	그(지)

나는 이미 (그를) 이겼다 합니다.

我	已	勝	之

나의 원수가 이르기를 나는 이미 (그를) 이겼다 하는도다. (시 13:4)

My enemy will say, I have overcome him.

我的仇敌说: 我胜了他;

愚	人	心	中
어리석을(우)	사람(인)	마음(심)	가운데(중)

어리석은 자 (그의) 마음에는

愚	人	心	中

爲	無	上	帝
할(위)	없을(무)	하늘(상)	임금(제)

하나님이 없다 합니다.

爲	無	上	帝

어리석은 자 (그의) 마음에는 하나님이 없다 하는구나. (시 14:1)

The fool has said in his heart, there is no God.

愚顽人心里说: 没有 神.

邪	惡	可	憎
간사할(사)	악할(악)	가히(가)	미울(증)

간악하고 가증하여

無	人	行	善
없을(무)	사람(인)	행할(행)	착할(선)

선을 행하는 자가 없습니다.

邪	惡	可	憎

無	人	行	善

간악하고 가증하여 선을 행하는 자가 없도다. (시 14:1)

They are corrupt, their deeds are vile, there is no one who does good.

邪恶, 行了可憎恶的事, 没有一个人行善.

竟	悉	背	逆
마침내(경)	다(실)	등(배)	거스를(역)

마침내 모두 배역하여

竟	悉	背	逆

皆	陷	汚	穢
다(개)	빠질(함)	더러울(오)	더러울(예)

다함께 부패함에 빠지게 되었다.

皆	陷	汚	穢

마침내 모두 배역하여 다함께 부패함에 빠지게 되었구나. (시 14:3)

All have turned aside, they have together become corrupt.

他们都偏离正路, 一同变为污秽;

無	行	善	人
없을(무)	행할(행)	착할(선)	사람(인)

선을 행하는 자가 없으니

一	人	亦	無
한(일)	사람(인)	역시(역)	없을(무)

역시 하나도 없구나.

無	行	善	人

一	人	亦	無

선을 행하는 자가 없으니 역시 하나도 없구나. (시 14:3)

There is no one who does good, not even one.

并没有行善的, 连一个也没有.

誰	居	帳	幕
누구(수)	살(거)	장막(장)	장막(막)

장막에 머무를 자 누구이며,

誰	居	帳	幕

誰	居	聖	山
누구(수)	살(거)	성스러울(성)	뫼(산)

성산에 사는 자 누구입니까?

誰	居	聖	山

장막에 머무를 자 누구며 성산에 사는 자 누구오니이까. (시 15:1)

O Lord, who may abide in your tent? Who may dwell on your holy hill?

(耶和华阿), 谁能寄居你的帐幕? 能能住在你的圣山?

行	爲	正	直
행할(행)	할(위)	바를(정)	곧을(직)

정직하게 행하며

作	事	公	義
지을(작)	일(사)	공평할(공)	옳을(의)

공의의 일을 실천하겠습니다.

行	爲	正	直

作	事	公	義

정직하게 행하며 공의의 일을 실천하리라. (시 15:2)

He who walks with integrity, and works righteousness.

就是行为正直, 作事公义,

舌	毋	讒	言
혀(설)	말(무)	헐뜯을(참)	말씀(언)

혀로 허물을 말하지 말고

不	虐	待	隣
아닐(불)	모질(학)	대우(대)	이웃(린)

이웃을 학대하지 말라.

舌	毋	讒	言

不	虐	待	隣

혀로 허물을 말하지 말고 이웃을 학대하지 말지어다. (시 15:3)

He does not slander with his tongue, nor does evil to his neighbor.

他不以舌头谗谤人, 不恶待朋友,

主	賜	我	力
여호와(주)	줄(사)	나(아)	힘(력)

나의 힘이신 여호와여,

主	賜	我	力

我	敬	愛	主
나(아)	공경할(경)	사랑(애)	주님(주)

내가 주를 사랑합니다.

我	敬	愛	主

나의 힘이신 여호와여 내가 주를 사랑하나이다. (시 18:1)

I love you, O Lord, my strength.

耶和华我的力量阿, 我爱你.

耶	和	華	乃
예수(야)	화할(화)	빛날(화)	곧(내)

我	之	巖	石
나(아)	~의(지)	바위(암)	돌(석)

여호와는 **나의 반석이십니다.**

耶	和	華	乃	我	之	巖	石

여호와는 나의 반석이시오. (시 18:2)

The Lord is my rock.

耶和华是我的岩石.

我	之	山	塞
나(아)	~의(지)	뫼(산)	요새(새)

나의 요새시며,

我	之	救	主
나(아)	~의(지)	구원할(구)	여호와(주)

나를 구원하시는 여호와입니다.

我	之	山	塞

我	之	救	主

나의 요새시요 나를 구원하시는 여호와이시오. (시 18:2)

My fortress and my deliverer.

*for·tress [fɔ́:rtris] n. 요새, 성채.

我的山寨, 我的救主,

我	倚	賴	主
나(아)	의지할(의)	의뢰할(뢰)	여호와(주)

내가 주를 의뢰하고

我	倚	賴	主

衝	入	敵	軍
향할(충)	들(입)	원수(적)	군사(군)

적군을 향해 달리며,

衝	入	敵	軍

내가 주를 의뢰하고 적군을 향해 달리며, (시 18:29)

*衝(충): 찌르다, 향하다, 부딪치다, 용솟음치다, 길, 통로, 거리.

With your help I can advance against a troop,

我藉着你冲入敌军,

仰	仗	上	帝
우러를(앙)	의지할(장)	하늘(상)	임금(제)

踰	越	敵	城
넘을(유)	넘을(월)	원수(적)	성(성)

내 하나님을 의지하고

담을 뛰어 넘었습니다.

仰	仗	上	帝

踰	越	敵	城

내 하나님을 의지하고 담을 뛰어넘나이다.(시 18:29)
With my God I can scale a wall.
藉着我的神跳过墻垣.

主	乃	牧	者
여호와(주)	곧(내)	칠(목)	사람(자)

여호와는 목자시니

主	乃	牧	者

不	至	窮	乏
아닐(부)	이를(지)	궁할(궁)	모자랄(핍)

부족함이 없습니다.

不	至	窮	乏

여호와는 목자시니 부족함이 없으리로다. (시 23:1)

The Lord is my shepherd, I shall not want.

耶和华是我的牧者, 我必不至缺乏.

我	臥	草	地
나(아)	누울(와)	풀(초)	땅(지)

나를 풀밭에 눕게 하시며,

我	臥	草	地

引	我	歇	濱
인도할(인)	나(아)	쉴(헐)	물가(빈)

나를 쉴 만한 물 가로 인도하십니다.

引	我	歇	濱

나를 풀밭에 눕게 하시며 쉴 만한 물 가로 인도하시는도다. (시 23:2)

He makes me lie down in green pastures, he leads me beside quiet waters.

他使我躺卧在青草地上, 领我在可安歇的水边.

我	心	蘇	醒
나(아)	마음(심)	소생(소)	깰(성)

나의 영혼을 소생시키시고,

我	心	蘇	醒

引	導	義	路
끌(인)	인도할(도)	옳을(의)	길(로)

의의 길로 인도하십니다.

引	導	義	路

내 영혼을 소생시키시고 의의 길로 인도하시는도다. (시 23:3)

He restores my soul, he guides me in the paths of righteousness.

他使我的灵魂苏醒, 引导我走义路.

雖	過	死	谷
비록(수)	지날(과)	죽을(사)	골(곡)

비록 사망의 골짜기로 다닐지라도

雖	過	死	谷

不	懼	遭	害
아닐(불)	두려울(구)	만날(조)	해할(해)

해(害)를 두려워하지 않습니다.

不	懼	遭	害

비록 사망의 골짜기로 다닐지라도 해(害)를 두려워하지 않을 것은, (시 23:4)

Even though I walk through the valley of death, I fear no evil,

我虽然行过死阴的幽谷, 也不怕遭害,

主	在	我	側
여호와(주)	있을(재)	나(아)	곁(측)

여호와께서 나와 함께하심이며,

以	安	慰	我
써(이)	편안(안)	위로할(위)	나(아)

나를 안위하심입니다.

主	在	我	側

以	安	慰	我

여호와께서 나와 함께 하심이요 나를 안위하심이라. (시 23:4)

You are with me, they comfort me.

因为你与我同在; 都安慰我

在	我	敵	前
있을(재)	나(아)	원수(적)	앞(전)

내 원수 앞에서

在	我	敵	前

備	設	宴	席
갖출(비)	베풀(설)	잔치(연)	자리(석)

내게 잔치 상을 차려 주셨습니다.

備	設	宴	席

내 원수의 목전에서 내게 잔치 상을 차려 주시고, (시 23:5)

You prepare a table before me in the presence of my enemies.

在我敌人面前, 你为我摆设筵席;

膏	沐	我	首
기름(고)	씻을(목)	나(아)	머리(수)

기름을 내 머리에 부으셔서

膏	沐	我	首

我	杯	滿	溢
나(아)	잔(배)	찰(만)	넘칠(일)

내 잔이 넘칩니다.

我	杯	滿	溢

기름을 내 머리에 부으셨으니 내 잔이 넘치나이다. (시 23:5)
You have anointed my head with oil, my cup overflows.
你用油膏了我的头, 使我的福杯满溢.

我	之	一	生
나(아)	~의(지)	한(일)	살(생)

내 평생에

我	之	一	生

善	仁	隨	我
선할(선)	어질(인)	어질(인)	나(아)

선하심과 인자하심이 따르리니

善	仁	隨	我

나의 평생에 선하심과 인자하심이 나를 따르리니, (시 23:6)

Surely goodness and loving kindness will follow me all the days of my life.

我一生一世必有恩惠慈爱随着我;

我	必	永	久
나(아)	반드시(필)	길(영)	오랠(구)

내가 영원히

居	主	之	殿
살(거)	여호와(주)	~의(지)	전각(전)

여호와의 집에 살 것이다.

我	必	永	久

居	主	之	殿

내가 영원히 여호와의 집에 살리로다. (시 23:6)

I will dwell in the house of the Lord forever.

我且要住在耶和华的殿中, 直到永远.

手	潔	心	淸
손(수)	깨끗할(결)	마음(심)	맑을(청)

손이 깨끗하며 마음이 청결하니

不	起	妄	念
아닐(불)	일어날(기)	망령될(망)	생각할(념)

뜻이 망령되이 일어나지 않을 것이다.

手	潔	心	淸

不	起	妄	念

손이 깨끗하고 마음이 청결하니 뜻이 망령이 일어나지 아니하리니, (시 24:4)

Clean hands and a pure heart, who has not lifted up his soul to falsehood.

*lift [lift] vt.들어 올리다, 올리다, 솟게 하다, ~ (up) one's heart 기운을 내다. *false · hood [fɔ́:lshùd] n. 허위성, 허탄한 것, 거짓말(lie), 허언. tell a ~ 거짓말하다.

就是手洁心清, 不向虚妄,

若	此	之	人
같을(약)	이(차)	그(지)	사람(인)

이러한 사람은

若	此	之	人

蒙	主	賜	福
입을(몽)	여호와(주)	줄(사)	복(복)

여호와께 복을 받고,

蒙	主	賜	福

이러한 사람은 여호와께 복을 받고, (시 24:5)

He shall receive a blessing from the Lord.

他必蒙耶和华赐福,

救	之	上	帝
구원할(구)	~의(지)	하늘(상)	임금(제)

구원의 하나님께서

稱	之	爲	義
일컬을(칭)	~의(지)	할(위)	옳을(의)

의롭다 인정하실 것이다.

救	之	上	帝

稱	之	爲	義

구원의 하나님께서 의롭다 칭하리라. (시 24:5)
Righteousness from the God of his salvation.
又蒙救他的 神使他成义.

永	遠	之	門
영원(영)	멀(원)	~의(지)	문(문)

영원한 문들아,

永	遠	之	門

崇	高	擧	起
높을(숭)	높을(고)	들(거)	일어날(기)

높이 들어라.

崇	高	擧	起

영원한 문들아 들릴 찌어다. (시 24:7)

O gates, and lift them up.

永久的门户, 你们要被举起!

尊	榮	之	王
높을(존)	영화(영)	~의(지)	임금(왕)

영광의 왕이

將	欲	進	矣
장차(장)	하고자할(욕)	나갈(진)	도다(의)

들어가실 것이다.

尊	榮	之	王

將	欲	進	矣

영광의 왕이 들어 가시리로다. (시 24:7)

The king of glory may come in.

那荣耀的王将要进来!

萬	有	之	主
일만(만)	있을(유)	~의(지)	여호와(주)

만군의 여호와께서

萬	有	之	主

尊	榮	之	王
높을(존)	영화(영)	~의(지)	임금(왕)

(곧) **영광의 왕이시다.**

尊	榮	之	王

만군의 여호와께서 (곧) 영광의 왕이시라. (시 24:10)

*萬(만): 일만, 많다, 매우 많은, 여러, 절대로, 여럿.

The Lord of hosts, he is the king of glory.

万军之耶和华, 他是荣耀的王!

主	乃	光	耀
여호와(주)	곧(내)	빛(광)	빛날(요)

여호와는 (나의) 빛이며

我	之	救	主
나(아)	~의(지)	구원(구)	주인(주)

나의 구주이시다.

主	乃	光	耀

我	之	救	主

여호와는 (나의) 빛이요 나의 구주이시라. (시 27:1)
The Lord is my light and my salvation.
耶和华是我的亮光, 是我的拯救,

我	懼	誰	耶
나(아)	두려울(구)	누구(수)	그런가(야)

내가 누구를 두려워할까?

我	懼	誰	耶

主	爲	能	力
여호와(주)	할(위)	능할(능)	힘(력)

여호와는 (내 생명의) 능력이시다.

主	爲	能	力

내가 누구를 두려워 하리요, 여호와는(내 생명의) 능력이시라. (시 27:1)

Whom shall I fear? The Lord is the strength of my life.

我还惧谁呢, 耶和华是我的能力.

雖	軍	攻	我
비록(수)	군사(군)	칠(공)	나(아)

비록 군대가 나를 대적하여도

我	心	不	懼
나(아)	마음(심)	아닐(불)	두려울(구)

내 마음은 두렵지 아니하며,

雖	軍	攻	我

我	心	不	懼

비록 군대가 나를 대적하여도 내 마음은 두렵지 아니하며, (시 27:3)
Though an army besiege me, my heart will not fear,
虽有军兵安营攻击我, 我的心也不害怕;

誰	遭	爭	戰
누구(수)	만날(조)	다툴(쟁)	싸움(전)

누군가 전쟁에서 만나 (나를) 치려 할지라도

誰	遭	爭	戰

我	亦	安	然
나(아)	또(역)	편안(안)	그럴(연)

나는 여전히 태연하리라.

我	亦	安	然

누군가 전쟁에서 만나 (나를) 치려 할지라도 나는 여전히 태연하리로다. (시 27:3)

Though war break out against me, even then will I be confident.

虽然兴起刀兵攻击我, 我必仍旧安稳.

我	籲	主	時
나(아)	부를(유)	여호와(주)	때(시)

내가 주님을 애타게 부를 때에

求	聽	我	聲
구할(구)	들을(청)	나(아)	소리(성)

구하오니 나의 음성을 들어주십시오.

我	籲	主	時

求	聽	我	聲

내가 주님을 애타게 부를 때에, 구하오니 나의 음성을 들어주소서. (시 27:7)

Hear, O Lord, when I cry with my voice.

耶和华阿, 我用声音呼吁的时候, 求你垂听;

父	母	棄	我
아버지(부)	어머니(모)	버릴(기)	나(아)

부모는 나를 버렸으나

父	母	棄	我

主	必	收	我
여호와(주)	반드시(필)	거둘(수)	나(아)

여호와는 나를 영접하실 것이다.

主	必	收	我

부모는 나를 버렸으나 여호와는 나를 영접하시리라. (시 27:10)

Though my father and mother forsake me, the Lord will receive me.

我父母离弃我, 耶和华必收留我.

我	倚	賴	主
나(아)	의지할(의)	의뢰할(뢰)	여호와(주)

내가 여호와를 의지하오니,

不	至	羞	恥
아닐(부)	이를(지)	부끄럼(수)	부끄럼(치)

결코 부끄러움을 당하지 않게 하시길 바랍니다.

我	倚	賴	主

不	至	羞	恥

내가 여호와를 의지하오니, 결코 부끄러움을 당하지 않게 하소서. (시 31:1)

O Lord, I have taken refuge, let me never be ashamed.

耶和华阿, 我投靠你; 求你使我永不羞愧;

側	耳	聽	我
곁(측)	귀(이)	들을(청)	나(아)

내게 귀를 기울여 들으시고,

急	速	救	我
급할(급)	빠를(속)	구원할(구)	나(아)

속히 건져주십시오.

側	耳	聽	我

急	速	救	我

내게 귀를 기울여 들으시고 속히 건지소서. (시 31:2)

Incline your ear to me, rescue me quickly.

*in·cline [inkláin] vt.기울이다, 숙이다, (귀를) 기울이다. *res·cue [réskju:] vt. 구조하다, 구하다.

求你侧耳而听, 快快救我!

我	之	磐	石
나(아)	~의(지)	반석(반)	돌(석)

나의 견고한 바위시며,

將	我	拯	救
장차(장)	나(아)	건질(증)	구원할(구)

나의 구원이 되십시오.

我	之	磐	石

將	我	拯	救

나의 견고한 바위시며 나의 구원이 되소서. (시 31:2)
Be my rock of refuge, a strong fortress to save me.
作我坚固的磐石, 拯救我的保障!

求	主	憐	恤
구할(구)	여호와(주)	불쌍할(련)	불쌍할(휼)

여호와여 긍휼을 베푸시길 바랍니다.

求	主	憐	恤

我	因	憂	慮
나(아)	인할(인)	근심(우)	생각할(려)

내가 매우 근심합니다.

我	因	憂	慮

여호와여 긍휼을 베푸소서 내가 매우 근심하나이다. (시 31:9)

Be gracious to me, O Lord, for I am in distress.

*dis · tress [distrés] n. 근심, 심통(心痛), 비탄(grief), 고민.

耶和华阿, 求你怜恤我, 因为我在急难之中;

面	目	衰	枯
낯(면)	눈(목)	쇠할(쇠)	마를(고)

시력이 약해지고,

心	身	亦	衰
마음(심)	몸(신)	또(역)	쇠할(쇠)

내 몸과 영혼이 쇠약해졌습니다.

面	目	衰	枯

心	身	亦	衰

시력이 약해지고 내 몸과 영혼이 쇠약해졌나이다. (시 31:9)

My eye is wasted away from grief, my soul and my body also.

我的眼睛乾癟, 连我的身心, 也不安舒.

我	之	歷	時
나(아)	~의(지)	지날(력)	때(시)

내 일생은

在	主	掌	中
있을(재)	여호와(주)	손바닥(장)	가운데(중)

주의 손에 달려 있습니다.

我	之	歷	時

在	主	掌	中

내 일생은 주의 손에 달려 있나이다. (시 31:15)

My times are in your hand.

我终身的事在你手中;

主	之	聖	徒
여호와(주)	~의(지)	거룩할(성)	무리(도)

여호와의 성도들아,

主	之	聖	徒

皆	敬	愛	主
모두(개)	공경(경)	사랑(애)	여호와(주)

모두 여호와를 사랑하라.

皆	敬	愛	主

여호와의 성도들아 모두 여호와를 사랑하라. (시 31:23)

Love the Lord, all his faithful people.

耶和华的圣民哪, 你们都要爱他!

仰	望	主	者
우러를(앙)	바랄(망)	여호와(주)	사람(자)

여호와를 바라는 자들아,

仰	望	主	者

堅	固	爾	心
굳을(견)	굳을(고)	너(이)	마음(심)

마음을 강하고 담대하게 하라.

堅	固	爾	心

여호와를 바라는 자들아 마음을 강하고 담대하게 하라. (시 31:24)

Be strong and let your heart take courage, all you who hope in theLord.

凡仰望耶和华的人, 坚固你们的心!

心	無	假	者
마음(심)	없을(무)	거짓(가)	사람(자)

마음에 간사함이 없는 자,

此	人	有	福
이(차)	사람(인)	있을(유)	복(복)

이 사람은 복이 있다.

心	無	假	者

此	人	有	福

마음에 간사함이 없는 자는 복이 있도다. (시 32:2)

How blessed is the man to whom the Lord does not impute iniquity.

凡心里没有诡诈, 这人是有福的!

終	日	哀	哭
마칠(종)	날(일)	슬플(애)	울(곡)

종일 애곡하므로

終	日	哀	哭

我	骨	衰	殘
나(아)	뼈(골)	쇠할(쇠)	잔인할(잔)

내 뼈가 쇠하였다.

我	骨	衰	殘

종일 애곡하므로 내 뼈가 쇠하였도다. (시 32:3)

Through my groaning all day long, my bones wasted away.

因终日唉哼, 而骨头枯乾.

自	認	罪	愆
스스로(자)	인정할(인)	허물(죄)	허물(건)

허물을 자복하였더니,

自	認	罪	愆

主	卽	免	罪
여호와(주)	곧(즉)	면할(면)	허물(죄)

주께서 죄를 사하셨다.

主	卽	免	罪

허물을 자복하였더니 주께서 죄를 사하셨나이다. (시 32:5)

Confess my sins, the Lord forgave all my sins.

*con·fess [kənfés] vt. 자인, 고백[자백]하다, 실토하다, 털어놓다.

我要向耶和华承认我的过犯, 你就赦免我的罪.

主	護	庇	我
여호와(주)	보호할(호)	덮을(비)	나(아)

주는 나의 은신처이니

主	護	庇	我

保	我	急	難
보호할(보)	나(아)	급할(급)	어려울(난)

환난에서 나를 보호하신다.

保	我	急	難

주는 나의 은신처이오니 환난에서 나를 보호하시나이다. (시 32:7)

You are my hiding place, you preserve me from trouble.

你是我藏身之处; 你必保佑我脱离苦难,

爾	曹	善	人
너(이)	무리(조)	착할(선)	사람(인)

너희 의인들아,

爾	曹	善	人

皆	當	歡	呼
다(개)	마땅(당)	기쁠(환)	부를(호)

다 즐거이 외쳐라.

皆	當	歡	呼

너희 의인들아 다 즐거이 외칠지어다. (시 32:11)

You righteous ones, and shout for joy, all you.

你们心里正直的人, 都当欢呼.

義	人	頌	主
의로울(의)	사람(인)	칭송할(송)	여호와(주)

의인들아, 여호와를 찬송함은

理	所	當	然
다스릴(이)	바(소)	마땅(당)	그럴(연)

다스림에 마땅히 해야 할 것이다.

義	人	頌	主

理	所	當	然

의인들아 여호와를 찬송함은 다스림에 마땅히 할 바로다. (시 33:1)

Sing for joy in the Lord, O you righteous ones.

义人的赞美是合宜的.

主	言	正	直
여호와(주)	말씀(언)	바를(정)	곧을(직)

여호와의 말씀은 정직하시며,

主	行	誠	實
여호와(주)	행할(행)	진실(성)	열매(실)

그가 행하시는 일은 진실하시다.

主	言	正	直

主	行	誠	實

여호와의 말씀은 정직하며 그가 행하시는 일은 진실하시도다. (시 33:4)

For the word of the Lord is upright, and all his work is done in faithfulness.

因为耶和华的言语正直; 凡他所作的尽都诚实.

主	愛	公	義
여호와(주)	사랑(애)	공평할(공)	옳을(의)

여호와는 공의와 정의를 사랑하시며,

仁	慈	充	滿
어질(인)	사랑(자)	채울(충)	찰(만)

인자하심으로 충만하시다.

主	愛	公	義

仁	慈	充	滿

여호와는 공의와 정의를 사랑하시며 인자하심으로 충만하시도다. (시 33:5)

He loves righteousness and justice, full of his unfailing love.

他喜爱仁义公平, (遍地)满了耶和华的慈爱.

全	地	之	人
온전할(전)	땅(지)	~의(지)	사람(인)

온 땅의 사람들아,

當	敬	畏	主
마땅(당)	공경(경)	두려울(외)	여호와(주)

여호와를 두려워하며 경외하라.

全	地	之	人

當	敬	畏	主

온 땅의 사람들아 여호와를 두려워하며 경외할지어다. (시 33:8)

Let all the earth fear the Lord, let revere him.

*re · vere [rivíər] vt. 경외하라, 존경하다, 숭배하다.

愿全地都敬畏耶和华!

因	行	惡	者
인할(인)	행할(행)	악할(악)	사람(자)

악을 행하는 자들 때문에

因	行	惡	者

莫	懷	不	平
없을(막)	품을(회)	아닐(불)	평안할(평)

불평하지 말라.

莫	懷	不	平

악을 행하는 자들 때문에 불평하지 말라. (시 37:1)

Do not fret because of evildoers.

*fret [fret] vt. 불평하다, 초조하다, 안달이 나다, 괴로워하다, 슬퍼하다. *evil · doer n.악행을 저지르는 자, 악인.

不要为作恶的，心怀不平，

如	草	疾	芟
같을(여)	풀(초)	시들(질)	벨(삼)

如	蔬	速	槁
같을(여)	푸성귀(소)	빠를(속)	마를(고)

풀과 같이 시들어 베이고

푸성귀같이 빨리 마르게 될 것이다.

如	草	疾	芟

如	蔬	速	槁

풀과 같이 시들어 베이고 푸성귀같이 빠르게 마르게 될 것임이라. (시 37:2)

For like the grass they will soon wither, like green plants they will soon die away.

如草快被割下, 又如青菜快要枯乾.

勿	而	發	忿
말(물)	말이을(이)	필(발)	성낼(분)

분을 그치고

勿	而	動	怒
말(물)	말이을(이)	움직일(동)	성낼(노)

노를 버리라.

勿	而	發	忿

勿	而	動	怒

분을 그치고 노를 버리라. (시 37:8)

Cease from anger and forsake wrath.

*wrath [ræθ, rɑ:θ/rɔ:θ] n. 격노, 분노, 신의 노여움.

当止住怒气，离弃忿怒;

勿	懷	不	平
말(물)	품을(회)	아닐(불)	평안할(평)

불평하지 말라.

以	致	行	惡
써(이)	이를(치)	행할(행)	악할(악)

(불평은) 오히려 악을 만들 뿐이다.

勿	懷	不	平

以	致	行	惡

불평하지 말라 (불평은) 오히려 악을 만들 뿐이라. (시 37:8)

Do not fret, it leads only to evildoing.

不要心怀不平, 以致作恶.

惡	人	不	久
악할(악)	사람(인)	아닐(불)	오래(구)

必	歸	無	有
반드시(필)	돌아갈(귀)	없을(무)	있을(유)

오래가지 않아 악인은 **없어질 것이다.**

惡	人	不	久

必	歸	無	有

오래가지 않아 악인은 없어지리니, (시 37:10)

A little while, and the wicked will be no more.

还有片时, 恶人要归于无有;

尋	察	其	處
찾을(심)	살필(찰)	그(기)	살(처)

그곳을 자세히 살필지라도

已	無	有	矣
이미(이)	없을(무)	있을(유)	어조사(의)

이미 없어졌다.

尋	察	其	處

已	無	有	矣

그곳을 자세히 살필지라도 이미 없어지리로다. (시 37:10)
Though you look for them, they will not be found.
你就细察他的住处, 也要归于无有.

惟	謙	遜	人
오직(유)	겸손할(겸)	겸손할(손)	사람(인)

오직 온유한 자는

惟	謙	遜	人

得	地	爲	業
얻을(득)	땅(지)	할(위)	일(업)

땅을 기업으로 얻을 것이다.

得	地	爲	業

오직 온유한 자는 땅을 기업으로 얻을 것이로다. (시 37:11)

But the meek will inherit the land.

但谦卑人必承受地土,

惡	人	圖	謀
악할(악)	사람(인)	꾀할(도)	꾀할(모)

악한 자가 꾸미는 것은

殘	害	善	人
해칠(잔)	해할(해)	착할(선)	사람(인)

선한 사람을 해하려 하는 것이다.

惡	人	圖	謀

殘	害	善	人

악한 자가 선한 사람을 해할 음모를 꾸미는구나. (시 37:12)

The wicked plots against the righteous.

恶人设谋害义人,

正	直	人	壽
바를(정)	곧을(직)	사람(인)	수명(수)

바른 자의 날을

正	直	人	壽

爲	主	所	知
있을(위)	여호와(주)	바(소)	알(지)

여호와께서 알고 계셔서,

爲	主	所	知

바른 자의 날을 여호와께서 아시나니, (시 37:18)

*壽(수): 목숨, 수명, 장수, 머리, 오래 살다, 헌수하다, 축수하다. *爲(위): 하다, 있다, 위하다, 되다, 이루어지다, 생각하다, 삼다, 배우다, 행위.

The LORD knows the days of the blameless

耶和华知道完全人的日子;

正	直	人	業
바를(정)	곧을(직)	사람(인)	기업(업)

선한자의 기업은

必	存	永	久
반드시(필)	있을(존)	길(영)	오랠(구)

영원히 있을 것이다.

正	直	人	業

必	存	永	久

바른 자의 기업은 영원히 있을 것이로다. (시 37:18)

And their inheritance will be forever.

*in·her·i·tance [inhéritəns] n. 상속, 유산, 타고난 재능.

他们的产业, 要存到永远.

在	患	難	時
있을(재)	근심(환)	어려울(난)	때(시)

환난 때에

在	患	難	時

不	至	羞	愧
아닐(부)	이를(지)	부끄러울(수)	부끄러울(괴)

부끄러움에 이르지 아니하며,

不	至	羞	愧

환난 때에 부끄러움에 이르지 아니하며, (시 37:19)

They shall not be ashamed In times of disaster.

他们在急难的时候, 不至羞愧,

在	凶	荒	日
있을(재)	흉년(흉)	흉년(황)	날(일)

기근의 날에도

必	得	饜	飽
반드시(필)	얻을(득)	포식할(염)	배부를(포)

풍족함을 얻을 것이다.

在	凶	荒	日

必	得	饜	飽

기근의 날에도 풍족함을 얻을 것이라. (시 37:19)

*凶(흉): 흉하다, 흉년, 기근, 근심하다, 재앙. *荒(황): 거칠다, 흉년, 버리다, 허황하다, 멸망.

In days of famine they will enjoy plenty.

在饥荒的日子, 必得饱足.

莫	責	罰	我
없을(막)	꾸짖을(책)	벌할(벌)	나(아)

나를 책망하지 마시고

莫	責	罰	我

莫	懲	治	我
없을(막)	징계할(징)	다스릴(치)	나(아)

나를 징계하지 마소서.

莫	懲	治	我

나를 책망하지 마시고 나를 징계하지 마소서. (시 38:1)

Rebuke me not in your wrath, don't punish me.

*wrath [ræθ, rɑːθ/rɔːθ] n. 책망, 신의 노여움, 천벌. *punish [pʌniʃ] vt. 징계하다, 벌하다.

求你不要在怒中责备我, 不要在烈怒中惩罚我!

因	主	震	怒
인할(인)	여호와(주)	우레(진)	성낼(노)

주님께서 노하시므로

因	主	震	怒

肉	無	完	膚
몸(육)	없을(무)	완전할(완)	살갗(부)

몸에는 성한 곳이 없습니다.

肉	無	完	膚

주님께서 노하시므로, 살에는 성한 곳이 없나이다. (시 38:3)
*肉(육): 고기, 몸, 살, 혈연.

Because of your anger, there is no soundness in my flesh.
*sound [saund] n. ~·ness n. 성한 것, 안전, 건강.

因你的脑怒, 我的肉无一完全;

我	之	罪	愆
나(아)	~의(지)	허물(죄)	허물(건)

내 죄악이

我	之	罪	愆

高	於	我	首
클(고)	~에(어)	나(아)	머리(수)

내 머리에 넘쳤습니다.

高	於	我	首

내 죄악이 내 머리에 넘쳤나이다. (시 38:4)

*高(고): 높다, 크다, 뽐내다, 비싸다, 위엄.

For my iniquities are gone over my head.

*in · iq · ui · ty [iníkwəti] n. 죄악, 사악, 불법.

我的罪孽高过我的头,

如	負	重	擔
같을(여)	짐(부)	무거울(중)	멜(담)

무거운 짐 같아서

如	負	重	擔

不	克	擔	荷
아닐(불)	이길(극)	멜(담)	멜(하)

내가 감당할 수 없습니다.

不	克	擔	荷

무거운 짐 같으니 내가 감당할 수 없나이다. (시 38:4)

*負(부): 지다, 짐, 업다, 근심하다, 떠맡다.

As a heavy burden they weigh too much for me.

如同重担叫我担当不起.

我	身	屈	折
나(아)	몸(신)	굽힐(굴)	꺾을(절)

내 몸이 꺾이고 심히 구부러져서

我	身	屈	折

終	日	焦	愁
마칠(종)	날(일)	탈(초)	근심(수)

종일토록 슬픔 중에 있습니다.

終	日	焦	愁

내가 아프고 심히 구부러졌으며 종일토록 슬픔 중에 있나이다. (시 38:6)

I am bent over and greatly bowed down, I go mourning all day long.

*móurn · ing n. 비탄(sorrowing), 슬픔, 애도, 상(喪), 거상 (기간).

我疼痛, 大大拳曲, 终日哀痛.

心	跳	不	安
마음(심)	뛸(도)	아닐(불)	편안(안)

마음이 두근거리고 불안하여

因	而	號	呼
인할(인)	이(이)	울(호)	부를(호)

그로 인하여 울부짖습니다.

心	跳	不	安

因	而	號	呼

마음이 두근거려 불안하여 신음하나이다. (시 38:8)

I groan because of the agitation of my heart.

*groan [groun] vi. 신음하다, 신음소리를 내다.

因心里不安, 我就唉哼.

我	之	所	願
나(아)	~의(지)	바(소)	원할(원)

나의 모든 소원이

我	之	所	願

皆	在	主	前
다(개)	있을(재)	여호와(주)	앞(전)

모두 주 앞에 있습니다.

皆	在	主	前

나의 모든 소원이 주 앞에 있사오며, (시 38:9)

Lord, all my desire is before you.

主阿, 我的心愿都在你面前;

我	之	歎	息
나(아)	~의(지)	탄식할(탄)	쉴(식)

나의 탄식을

不	隱	瞞	主
아닐(불)	숨길(은)	속일(만)	여호와(주)

주 앞에 감추지 아니합니다.

我	之	歎	息

不	隱	瞞	主

나의 탄식을 주 앞에 감추지 아니하나이다. (시 38:9)
My sighing is not hidden from you.
我的叹息不向你隐瞒.

勤	愼	行	爲
부지런할(근)	삼갈(신)	행할(행)	할(위)

행위를 조심하고

勤	愼	行	爲

免	舌	犯	罪
면할(면)	혀(설)	범할(범)	허물(죄)

혀로 범죄하지 않을 것입니다.

免	舌	犯	罪

(내가 내) 행위를 조심하고 내 혀로 범죄하지 않으며 (시 39:1)

(I said,) I will take heed to my ways, that I sin not with my tongue:

我要謹慎我的言行、免得我舌頭犯罪;

惡	人	在	前
악할(악)	사람(인)	있을(재)	앞(전)

악인들이 (내) 앞에 있는 한,

封	閉	我	口
봉할(봉)	닫을(폐)	나(아)	입(구)

내가 입을 열지 않을 것입니다.

惡	人	在	前

封	閉	我	口

악인들이 (내) 앞에 있는 한 내가 입을 열지 않으리라. (시 39:1)

I will keep my mouth with a bridle, while the wicked is before me.

恶人在我面前的时候, 我要用嚼回环勒住我的口.

緘	默	寂	靜
봉할(함)	잠잠할(묵)	고요할(적)	고요할(정)

침묵을 지키고,

緘	默	寂	靜

好	言	不	出
좋을(호)	말씀(언)	아니(불)	날(출)

선한 말도 입 밖에 내지 않았습니다.

好	言	不	出

(내가) 침묵을 지키고 선한 말도 입 밖에 내지 않았구나. (시 39:2)

I was dumb with silence, I held my peace, even from good.

我默然无声, 连好话也不出口;

我	心	發	熱
나(아)	마음(심)	필(발)	더울(열)

내 마음이 속에서 뜨거워집니다.

我	心	發	熱

默	想	之	時
잠잠할(묵)	생각할(상)	~의(지)	때(시)

깊은 생각에 잠길 때,

默	想	之	時

내 마음이 속에서 뜨거워짐은 깊은 생각에 잠길 때로다. (시 39:3)

My heart grew hot within me, and as I meditated,

我的心在我里面发热. 我默想的时候,

如	火	焚	燒
같을(여)	불(화)	불사를(분)	불사를(소)

불이 붙는 것 같아

如	火	焚	燒

啓	口	出	言
열(계)	입(구)	날(출)	말씀(언)

부르짖지 않을 수 없습니다.

啓	口	出	言

(속이 답답하고) 불이 붙는 것 같아 부르짖지 않을 수 없도다. (시 39:3)

The fire burned; then I spoke with my tongue,

火就烧起, 我便用舌头说话.

賜	我	生	命
줄(사)	나(아)	살(생)	목숨(명)

주께서 내 날을

長	不	過	掌
길(장)	아니(불)	지날(과)	손바닥(장)

손바닥 넓이만큼 되게 하셨습니다.

賜	我	生	命

長	不	過	掌

주께서 내 날을 손바닥 넓이만큼 되게 하셨습니다. (시 39:5)

*生(생): 살다, 나다, 낳다, 기르다, 싱싱하다.

Behold, you have made my days hand-breadths.

你使我的年日、窄如手掌;

生	存	之	年
살(생)	있을(존)	~의(지)	해(년)

나의 일생도

生	存	之	年

主	前	無	有
여호와(주)	앞(전)	없을(무)	있을(유)

주 앞에는 없는 것 같사옵니다.

主	前	無	有

나의 일생도 주 앞에는 없는 것 같사옵니다. (시 39:5)

My lifetime is as nothing before you.

我一生的年數, 在你面前, 如同無有.

雖	然	堅	立
비록(수)	그럴(연)	굳을(견)	설(립)

든든히 서 있는 때에도

雖	然	堅	立

亦	是	虛	幻
또(역)	옳을(시)	빌(허)	변할(환)

역시 허사뿐이다.

亦	是	虛	幻

든든히 서 있는 때에도 역시 허사뿐이니라. (시 39:5)

Surely every man stands as a breath.

各人最稳妥的时候, 真是全然虛幻.

我	之	主	歟
나(아)	~의(지)	여호와(주)	어조사(여)

하나님이시여,

我	之	主	歟

心	切	慕	主
마음(심)	온통(체)	그릴(모)	여호와(주)

내 영혼이 주를 갈망합니다.

心	切	慕	主

하나님이시여, 내 영혼이 주를 갈망합니다. (시 42:1)

So my soul pants for you, O God

神阿, 我的心切慕你,

猶	如	渴	鹿
오히려(유)	같을(여)	목마를(갈)	사슴(록)

사슴이 목이 말라

猶	如	渴	鹿

思	慕	溪	水
생각할(사)	그릴(모)	시내(계)	물(수)

시냇물을 갈망하듯,

思	慕	溪	水

사슴이 목이 말라 시냇물을 갈망하듯, (시 42:1)

As the deer pants for the water brooks.

如鹿切慕溪水.

我	之	心	渴
나(아)	~의(지)	마음(심)	목마를(갈)

내 영혼이 애타게,

想	永	生	主
생각할(상)	길(영)	살(생)	여호와(주)

살아 계신 하나님을 그리워합니다.

我	之	心	渴

想	永	生	主

내 영혼이 애타게 살아 계신 하나님을 그리워하도다. (시 42:2)

My soul thirsts for God, for the living God

我的心渴想 神、就是永生 神;

何	時	得	主
어느(하)	때(시)	얻을(득)	여호와(주)

(내가) **언제나 여호와께 나아가**

主	前	朝	覲
여호아(주)	앞(전)	아침(조)	뵐(근)

하나님을 뵐 수 있을까요.

何	時	得	主

主	前	朝	覲

내가 언제나 나아가서 하나님을 뵐 수 있을까? (시 42:2)

*何(하): 어느, 어떤, 어찌, 언제, 무엇, 왜냐하면

When shall I come and appear before God?

我几时得朝见 神呢?

晝	夜	以	淚
낮(주)	밤(야)	써(이)	눈물(루)

밤낮 (부르짖음으로) 눈물이

晝	夜	以	淚

我	爲	飮	食
나(아)	하(위)	마실(음)	밥(식)

내 음식이 되었습니다.

我	爲	飮	食

(내가) 밤낮 (부르짖음으로) 눈물이 내 음식이 되었습니다. (시 42:3)

My tears have been my food day and night,

我昼夜以眼泪当饮食;

我	上	帝	歟
나(아)	하늘(상)	임금(제)	어조사(여)

내 하나님이시여,

我	上	帝	歟

我	心	抑	鬱
나(아)	마음(심)	누를(억)	우울(울)

내 영혼이 내 속에서 낙심합니다.

我	心	抑	鬱

내 하나님이시여, 내 영혼이 내 속에서 낙심하였습니다. (시 42:6)

O my God, my soul is in despair within me;

我的 神阿, 我的心在我里面忧闷,

流	約	但	地
흐를(류)	맺을(약)	다만(단)	땅(지)

요단강이 흐르는

流	約	但	地

在	黑	門	嶺
있을(재)	검을(흑)	문(문)	재(령)

헤르몬 산과

在	黑	門	嶺

요단강이 흐르는 헤르몬 산과 (시 42:6)

You from the land of the Jordan And the peaks of Hermon,

所以我从约但地, 从黑门岭,

在	米	薩	山
있을(재)	쌀(미)	보살(살)	뫼(산)

미살 산이 우뚝 선 곳에서

記	念	上	帝
기록할(기)	생각할(념)	하늘(상)	임금(제)

주를 기억합니다.

在	米	薩	山

記	念	上	帝

미살 산이 우뚝 선 이곳에서 내가 주를 기억하옵니다.(시 42:6)

Therefore I remember You from Mount Mizar.

从米萨山, 记念你.

主	護	庇	我
여호와(주)	도울(호)	덮을(비)	우리(아)

하나님은 우리의 도움이시며

主	護	庇	我

賜	力	於	我
줄(사)	힘(력)	~에(어)	우리(아)

우리의 힘입니다.

賜	力	於	我

하나님은 우리의 도움이시오 우리의 힘이로다. (시 46:1)

*我(아): 나, 우리, 외고집, 나의, 아집을 부리다.

God is our refuge and strength.

神是我们的避难所, 是我们的力量,

當	患	難	時
마땅(당)	근심(환)	어려울(난)	때(시)

極	顯	救	濟
극진할(극)	나타날(현)	구원할(구)	도움(제)

환난 중에 **만날 큰 도움이십니다.**

當	患	難	時

極	顯	救	濟

환난 중에 만날 큰 도움이시라. (시 46:1)

A very present help in trouble.

是我们在患难中随时的帮助.

主	在	城	中
여호와(주)	있을(재)	성(성)	가운데(중)

하나님이 그 성 중에 계시매

主	在	城	中

城	不	動	搖
성(성)	아닐(부)	움직일(동)	흔들릴(요)

성이 흔들리지 아니할 것이라

城	不	動	搖

하나님이 그 성 중에 계시매 성이 흔들리지 아니할 것이라. (시 46:5)

*搖(요): 흔들다, 흔들리다, 움직이다, 요원하다, 멀다, 어지럽히다.

God is in the city, and it will not be moved.

神在其中. 城必不动摇;

至	於	淸	晨
이를(지)	~에(어)	맑을(청)	새벽(신)

새벽에

主	必	幇	助
여호와(주)	반드시(필)	도울(방)	도울(조)

하나님이 도우실 것이다.

至	於	淸	晨

主	必	幇	助

새벽에 하나님이 도우시리로다. (시 46:5)

At early dawn God will come to its aid.

到天一亮, 神必帮助这城.

萬	族	喧	囂
일만(만)	겨레(족)	지껄일(훤)	떠들(효)

많은 족속이 떠들며

萬	族	喧	囂

列	邦	震	動
여러(렬)	나라(방)	지진(진)	움직일(동)

여러 나라가 흔들리고,

列	邦	震	動

뭇 나라가 떠들며 왕국이 흔들리고, (시 46:6)

*列(열); 벌이다, 여러, 진열하다, 줄짓다, 순서를 매기다, 차례, 등급, 행렬.

The nations made an uproar, the kingdoms tottered.

外邦喧嚷, 列国动摇;

主	發	雷	聲
여호와(주)	필(발)	우레(뢰)	소리(성)

주가 우레 소리를 내시니,

主	發	雷	聲

地	卽	消	滅
땅(지)	곧(즉)	사라질(소)	멸할(멸)

땅이 즉시 소멸하였습니다.

地	卽	消	滅

주가 소리를 내시매 땅이 녹았도다. (시 46:6)
He raised his voice, the earth melted.
神发声, 地便熔化.

萬	君	之	主
일만(만)	임군(군)	~의(지)	여호와(주)

만군의 여호와께서

萬	君	之	主

我	儕	同	在
나(아)	무리(제)	함께(동)	있을(재)

우리와 함께하십니다.

我	儕	同	在

만군의 여호와께서 우리와 함께 하시니, (시 46:7)
The Lord of hosts is with us.
万君之耶和华与我们同在;

雅	各	之	主
맑을(아)	각각(각)	~의(지)	여호와(주)

야곱의 하나님은

護	庇	我	儕
도울(호)	덮일(비)	나(아)	무리(제)

우리의 피난처십니다.

雅	各	之	主

護	庇	我	儕

야곱의 하나님은 우리의 피난처시로다. (시 46:7)
The God of Jacob is our stronghold.
雅各的 神, 是我们的避难所.

止	息	戰	爭
그칠(지)	쉴(식)	싸움(전)	다툴(쟁)

전쟁을 쉬게 하시고,

止	息	戰	爭

折	弓	斷	槍
꺾을(절)	활(궁)	끊을(단)	창(창)

활을 꺾고 창을 끊으셨다.

折	弓	斷	槍

전쟁을 쉬게 하심이여 활을 꺾고 창을 끊으셨도다. (시 46:9)

He makes wars to cease to the end, he breaks the bow and cuts the spear.

他止息刀兵, 他折弓断枪.

爾	當	鼓	掌
너(이)	마땅(당)	칠(고)	손바닥(장)

너희 만민들아 손바닥을 치고,

爾	當	鼓	掌

喜	樂	之	聲
기쁠(희)	즐길(락)	~의(지)	소리(성)

기뻐하며 즐겁게 소리쳐라.

喜	樂	之	聲

너희 만민들아 손바닥을 치고 즐거운 소리로 하나님께 외칠지어다. (시 47:1)
O clap your hands, all peoples, shout to God with the voice of joy.
你们都要拍掌. 要用夸胜的声音向 神呼喊!

列	國	上	帝
여러(렬)	나라(국)	하늘(상)	임금(제)

열국의 하나님이

坐	於	聖	座
앉을(좌)	~에(어)	거룩할(성)	자리(좌)

거룩한 보좌에 앉으셨다.

列	國	上	帝

坐	於	聖	座

열국의 하나님이 거룩한 보좌에 앉으셨도다. (시 47:8)

God reigns over the nations, God sits on his holy throne.

*throne [θroun] n. 왕좌, 옥좌, 왕위, 제위, 교황 성좌, 주교의 자리.

神作王治理万国; 神坐在他的圣宝座上.

世	上	居	民
인간(세)	위(상)	살(거)	백성(민)

세상의 거민들아,

世	上	居	民

皆	當	傾	耳
다(개)	마땅(당)	기울(경)	귀(이)

모두 귀를 기울이라.

皆	當	傾	耳

세상의 거민들아 모두 귀를 기울이라. (시 49:1)

All inhabitants of the world, give ear.

世上一切的居民, 都当听这话!

無	論	貴	貧
없을(무)	논할(론)	귀할(귀)	가난할(빈)

귀천 빈부를 막론하고

無	論	貴	貧

皆	當	聽	此
다(개)	마땅(당)	들을(청)	이(차)

다 이를 신중히 들어라.

皆	當	聽	此

귀천 빈부를 막론하고 다 들을지어다. (시 49:2)

Both low and high, rich and poor together, hear this.

无论富足贫穷, 都当留心听!

家	貲	豊	厚
집(가)	재물(자)	풍성(풍)	후할(후)

그 집 재물이 풍요로워지더라도

家	貲	豊	厚

爾	莫	畏	懼
너(이)	없을(막)	두려울(외)	두려울(구)

너는 두려워 말라.

爾	莫	畏	懼

그 집 재물이 풍요로워지더라도 너는 두려워 말지어다. (시 49:16)

Do not be afraid when a man becomes rich.

见人发财家室增荣的时候, 你不要惧怕;

主	大	矜	恤
여호와(주)	큰(대)	불쌍히여길(긍)	불쌍할(휼)

주의 큰 긍휼을 따라

塗	抹	我	愆
지울(도)	지울(말)	나(아)	허물(건)

내 죄악을 지워 주십시오.

主	大	矜	恤

塗	抹	我	愆

주의 큰 긍휼을 따라 내 죄악을 지워 주소서. (시 51:1)

According to the greatness of your compassion blot out my transgressions.

*com · pas · sion [kəmpæʃən] n. 긍휼, 불쌍히 여김, 동정심.

按主丰盛的慈悲涂抹我的过犯!

我	之	罪	惡
나(아)	~의(지)	허물(죄)	악할(악)

나의 죄악을

洗	滌	潔	淨
씻을(세)	씻을(척)	깨끗할(결)	깨끗할(정)

말갛게 씻어 주십시오.

我	之	罪	惡

洗	滌	潔	淨

나의 죄악을 말갛게 씻으소서. (시 51:2)

Wash away all my iniquity and cleanse me from my sin.

*in · iq · ui · ty [iníkwəti] n. 부정, 불법, 사악, 불법, 행위.

求你将我的罪孽洗除净尽,

我	之	罪	惡
나(아)	~의(지)	허물(죄)	악할(악)

내 허물과 죄악이

我	之	罪	惡

常	在	我	前
항상(상)	있을(재)	나(아)	앞(전)

항상 내 앞에 있습니다.

常	在	我	前

내 죄가 항상 내 앞에 있나이다. (시 51:3)

My sin is always before me.

我的罪, 常在我面前.

以	牛	膝	草
~로써(이)	소(우)	무릎(슬)	풀(초)

우슬초로

求	潔	淨	我
구할(구)	깨끗할(결)	깨끗할(정)	나(아)

나를 정결하게 해주십시오.

以	牛	膝	草

求	潔	淨	我

우슬초로 나를 정결하게 하소서. (시 51:7)

Cleanse me with hyssop.

*hys·sop [hísəp] n. 히솝풀(옛날 약으로 썼던 향기로운 꿀풀과의 식물), 우슬초.다

求你用牛膝草洁净我,

我	卽	盡	淨
나(아)	곧(즉)	다할(진)	깨끗할(정)

내가 깨끗할 것이오니,

求	洗	滌	我
구할(구)	씻을(세)	씻을(척)	나(아)

나를 씻겨 주십시오.

我	卽	盡	淨

求	洗	滌	我

내가 깨끗할 것이오니, 나를 씻기소서. (시 51:7)

I will be clean, wash me.

我就乾净; 求你洗涤我,

我	雪	尤	白
나(아)	눈(설)	더욱(우)	흰(백)

내가 눈보다 더욱 희게 되리니.

塗	抹	過	惡
지울(도)	지울(말)	지날(과)	악할(악)

모든 죄악을 지워 주소서.

我	雪	尤	白

塗	抹	過	惡

내가 눈보다 희게 되리니 (시 51:7) 모든 죄악을 지워 주소서. (시 51:9)

*塗(도):칠하다, 지우다, 도로, 진흙, 괴로움.

I will be whiter than snow. Wipe out all my evil.

我就比雪更白. 求你涂抹我一切的罪孽.

造	淨	之	心
지을(조)	깨끗할(정)	~의(지)	마음(심)

깨끗한 마음을 창조하시고,

造	淨	之	心

新	作	直	志
새(신)	지을(작)	곧을(직)	뜻(지)

내 안에 새로운 영을 주소서.

新	作	直	志

정한 마음을 창조하시고 내 안에 새로운 영을 주소서. (시 51:10)

Create in me a clean heart, and renew a right spirit.

*re · new [rinjú:] vt. 새롭게 하다, 갱생(신생)시키다, 부활하다.

求你造清洁的心, 使我里面重新有正直的灵.

主	乃	拯	救
여호와(주)	곧(내)	건질(증)	구할(구)

하나님이여, 구원하시는

我	之	上	帝
나(아)	~의(지)	하늘(상)	임금(제)

나의 하나님이여,

主	乃	拯	救

我	之	上	帝

하나님이여, 구원하시는 나의 하나님이여, (시 51:14)

*乃(내): 이에, 곧, 그래서, 또, 비로소, 이와 같이.

O God, the God of my salvation.

神阿, 你是拯救我的 神;

我	之	上	帝
나(아)	~의(지)	하늘(상)	임금(제)

나의 하나님이여,

我	之	上	帝

脫	血	流	罪
벗을(탈)	피(혈)	흐를(류)	허물(죄)

피 흘리는 죄에서 벗어나게 하십시오.

脫	血	流	罪

나의 하나님이여 피 흘리는 죄에서 벗어나게 하소서. (시 51:14)

Deliver me from bloodguiltiness, O God.

我的上帝, 求你救我脱离流人血的罪!

以	舌	歌	頌
~로써(이)	혀(설)	노래(가)	기릴(송)

(내) 혀가 (소리 높여) 노래하는 것은,

以	舌	歌	頌

主	之	仁	義
여호와(주)	~의(지)	어질(인)	옳을(의)

주님의 의로우심 때문입니다.

主	之	仁	義

내 혀가 (주님의 의로우심을) 소리 높여 노래하리다. (시 51:14)

Then my tongue will joyfully sing of your righteousness.

我的舌头就高声歌唱主的公义.

主	之	慈	愛
여호와(주)	~의(지)	사랑(자)	사랑(애)

하나님의 인자하심은

主	之	慈	愛

時	時	常	在
때(시)	때(시)	항상(상)	있을(재)

항상 있습니다.

時	時	常	在

하나님의 인자하심은 항상 있도다. (시 52:1)

The loving kindness of God endures all day long.

*Loving kindness n. 자애, 인자.

神的慈爱是常存的.

兇	暴	人	乎
흉악할(흉)	사나울(폭)	사람(인)	어조사(호)

포악한 자여,

兇	暴	人	乎

作	惡	自	誇
지을(작)	악할(악)	스스로(자)	자랑할(과)

악한 계획을 스스로 자랑하느냐?

作	惡	自	誇

포악한 자여 악한 계획을 스스로 자랑하는가. (시 52:1)

Why do you boast in evil, O mighty man?

勇士们阿, 你为何以作恶自夸?

行	詐	之	人
행할(행)	속일(사)	~의(지)	사람(인)

남을 속이는 사람의

行	詐	之	人

舌	如	削	刀
혀(설)	같을(여)	깎을(삭)	칼(도)

혀는 삭도 같다.

舌	如	削	刀

남을 속이는 사람의 혀는 삭도 같도다. (시 52:2)

You who practice deceit, tongue like a sharpened razor.

你的舌头邪恶诡诈, 好像剃头刀,

主	之	大	能
여호와(주)	~의(지)	큰(대)	능할(능)

하나님의 큰 능력으로

主	之	大	能

爲	我	伸	寃
할(위)	나(아)	펼(신)	원통할(원)

나를 신원하십시오.

爲	我	伸	寃

하나님의 큰 능력으로 나를 신원하소서. (시 54:1)

*신원(伸寃): 가슴에 맺힌 한을 풀어버림.

Save me, O God, vindicate me by your might.

神阿, 凭你的大能为我伸冤.

主	仍	助	我
여호와(주)	인할(잉)	도울(조)	나(아)

여호와는 나를 돕는 이시며,

主	仍	助	我

扶	持	我	命
부들(부)	가질(지)	나(아)	생명(명)

내 생명을 붙들어 주십니다.

扶	持	我	命

여호와는 나를 돕는 이시며 내 생명을 붙들어 주시나이다. (시 54:4)

Behold, God is my helper, the sustainer of my soul.

*sus·tain [səstéin] vt. 붙들다, 떠받치다, 유지하다, sus·táin·er n. 붙드는, 떠받치는.

神是帮助我的, 是扶持我命的.

我	敵	爲	惡
나(아)	원수(적)	할(위)	악할(악)

내 원수의 악함을

主	必	報	應
여호와(주)	반드시(필)	갚을(보)	응할(응)

주는 필히 갚으실 것입니다.

我	敵	爲	惡

主	必	報	應

내 원수의 악함을 주는 필히 갚으시리니, (시 54:5)

He will recompense the evil to my foes.

*rec·om·pense [rékəmpèns] n.보수, 보응, 보답, 보상, 배상.　*foe [fou] n. 적, 원수, 적군, 적대자, 경쟁자.

主要报应我仇敌所行的恶;

主	之	誠	信
여호와(주)	~의(지)	정성(성)	믿을(신)

주의 성실하심으로

使	之	滅	亡
하여금(사)	그(지)	멸할(멸)	망할(망)

그를 멸하소서.

主 之 誠 信

使 之 滅 亡

주의 성실하심으로 그를 멸하소서. (시 54:5)

*使之(사지) to make; to cause

Destroy them in your faithfulness.

求你凭你的诚实灭绝他们.

主	傾	耳	聽
여호와(주)	기울(경)	귀(이)	들을(청)

하나님이여 귀 기울여 들어주실 것은

我	之	禱	告
나(아)	~의(지)	기도할(도)	알릴(고)

나의 기도입니다.

主	傾	耳	聽

我	之	禱	告

하나님이여 내 기도에 귀를 기울이소서, (시 55:1)
Hear my prayer, O God,
神阿, 求你留心听我的祷告,

我	懇	求	主
나(아)	간절할(간)	구할(구)	여호와(주)

내가 주께 간구하오니,

我	懇	求	主

求	莫	隱	藏
구할(구)	없을(막)	숨을(은)	감출(장)

(주여), **숨지 마십시오.**

求	莫	隱	藏

내가 주께 간구하오니 주여 숨지 마소서. (시 55:1)

*莫(막): 없다, 말다, 불가하다, 꾀하다, 막, 장막, 조용하다. 하지 말라.

And do not hide yourself from my supplication.

不要隐藏不听我的恳求!

哀	歎	不	安
슬플(애)	탄식할(탄)	아닐(불)	편안(안)

내가 근심으로 편하지 못하여

哀	歎	不	安

發	聲	悲	號
발할(발)	소리(성)	슬플(비)	부르짖을(호)

슬퍼 탄식하며 부르짖습니다.

發	聲	悲	號

내가 근심으로 편하지 못하여 탄식하나이다. (시 55:2)

My thoughts trouble me and I am distraught.

我哀叹不安, 发声唉哼,

我	心	懷	中
나(아)	마음(심)	품을(회)	가운데(중)

내 마음속은

甚	爲	憂	懼
심할(심)	할(위)	근심(우)	두려울(구)

심히 걱정되어 두렵습니다.

我	心	懷	中

甚	爲	憂	懼

내 마음속은 심히 걱정되어 두렵나이다. (시 55:4)

My heart is in anguish within me.

我心在我里面甚是疼痛;

死	之	驚	恐
죽을(사)	~의(지)	놀랠(경)	두려울(공)

사망의 두려움이

臨	及	我	身
임할(임)	미칠(급)	나(아)	몸(신)

내게 이르렀습니다.

死	之	驚	恐

臨	及	我	身

사망의 두려움이 내게 이르렀나이다. (시 55:4)
The terrors of death have fallen upon me
死的惊惶临到我身.

我	速	逃	避
나(아)	빠를(속)	피할(도)	피할(피)

내가 빠르게 도피하여

脫	離	颶	風
벗을(탈)	떠날(리)	구풍(구)	바람(풍)

폭풍을 피할 것입니다.

我	速	逃	避

脫	離	颶	風

내가 빠르게 도피하여 폭풍을 피하리라. (시 55:8)

*颶(구): 맹렬한 폭풍, 구풍(颶風: 회오리치면서 북상하는 급격한 바람), 몹시 강한 바람.

I would hurry to my place of shelter, far from the storm.

我必速速逃到避所, 脱离暴風.

我	恐	懼	時
나(아)	두려울(공)	두려울(구)	때(시)

惟	倚	賴	主
오직(유)	의지할(의)	의뢰할(뢰)	여호와(주)

내가 두려워하는 날에는

주를 의지할 것입니다.

我	恐	懼	時

惟	倚	賴	主

내가 두려워하는 날에는 내가 주를 의지하리이다. (시 56:3)

*惟(유): 생각하다, 도모하다, 꾀하다, 으로써, 이 되다.

When I am afraid, I will put my trust in you.

我惧怕的时候要倚靠你.

我	呼	籲	時
나(아)	부를(호)	부를(유)	때(시)

내가 부를 때에

我	呼	籲	時

我	仇	敗	退
나(아)	원수(구)	패할(패)	물러날(퇴)

내 원수들이 물러갈 것입니다.

我	仇	敗	退

내가 부를 때에 내 원수들이 물러가리이다. (시 56:9)

The day I call to you, my enemies will be turned back.

我呼求的日子, 我的仇敌都要转身退后.

心	中	作	惡
마음(심)	가운데(중)	지을(작)	악할(악)

(너희) **마음에 악을 행하며,**

手	施	强	暴
손(수)	행할(시)	강할(강)	사나울(폭)

너희 손으로 폭력을 행하였다.

心	中	作	惡

手	施	强	暴

(너희) 마음에 악을 행하며 너희 손으로 폭력을 행하는구나. (시 58:2)

No, in heart you work wickedness, you weigh out the violence of your hands.

*wick · ed [wíkid] a. 악한, 사악한, 부정(不正)의, 불의(不義)의, 악의 있는.

你们是心中作恶; 你们手所行的强暴.

使	其	消	滅
하여금(사)	그(기)	사라질(소)	멸할(멸)

그로 사라지게 하는 것은

使	其	消	滅

如	急	流	水
같을(여)	급할(급)	흐를(류)	물(수)

급히 흐르는 물 같습니다.

如	急	流	水

그로 급히 흐르는 물같이 사라지게 하시고, (시 58:7)
Let them flow away like water that runs off.
愿他们消灭, 如急流的水一般;

彼	若	射	箭
그(피)	만약(약)	쏠(사)	화살(전)

그들이 만일 화살을 쏘려 할 때는,

彼	若	射	箭

箭	如	已	折
화살(전)	같을(여)	이미(이)	꺾을(절)

화살은 이미 꺾였습니다.

箭	如	已	折

그들의 겨누는 화살이 꺾임 같게 하시도다. (시 58:7)

When he aims his arrows, let them be as headless shafts.

他们瞅准射箭的时候, 愿箭头彷佛砍断.

我	之	上	帝
나(아)	~의(지)	하늘(상)	임금(제)

내 하나님이여,

心	渴	想	主
마음(심)	목마를(갈)	생각(상)	여호와(주)

영혼이 주를 갈망합니다.

我	之	上	帝

心	渴	想	主

내 하나님이여 영혼이 주를 갈망하나이다. (시 63:1)
O God, You are my God, my soul thirsts for you.
神阿, 你是我的 神, 我渴想你;

主	之	慈	愛
여호와(주)	~의(지)	사랑할(자)	사랑(애)

주의 인자하심이

比	生	命	重
견줄(비)	살(생)	목숨(명)	소중할(중)

생명보다 나으므로,

主	之	慈	愛

比	生	命	重

주의 인자하심이 생명보다 나으므로, (시 63:3)

*重(중): 무겁다, 소중하다, 귀중하다, 많다, 무게.

Because your love is better than life.

因主的慈爱比生命更好,

我	以	口	脣
나(아)	~로써(이)	입(구)	입술(순)

나의 입술이

讚	美	上	帝
찬양할(찬)	아름다울(미)	하늘(상)	임금(제)

주를 찬미할 것입니다.

我	以	口	脣

讚	美	上	帝

내 입술이 주를 찬미할 것이라. (시 63:3)

My lips will glorify God.

我的嘴唇要颂赞主.

我	在	世	時
나(아)	있을(재)	인간(세)	때(시)

나의 평생에

常	稱	頌	主
항상(상)	일컬을(칭)	칭송할(송)	여호와(주)

주를 송축할 것입니다.

我	在	世	時

常	稱	頌	主

나의 평생에 주를 송축하리이다. (시 63:4)

I will praise you as long as I live,

我还活的时候, 要这样称颂主;

敬	奉	主	名
공경(경)	섬길(봉)	여호와(주)	이름(명)

주의 이름을 받들어 공경하며,

敬	奉	主	名

擧	手	祈	禱
들(거)	손(수)	빌(기)	기도할(도)

손을 들어 기도합니다.

擧	手	祈	禱

주의 이름으로 말미암아 나의 손을 들리이다. (시 63:4)
I will lift up my hands in your name.
我要奉你的名举手.

我	之	過	惡
우리(아)	~의(지)	허물(과)	악할(악)

우리의 지은 죄악을

多	至	難	堪
많을(다)	이를(지)	어려울(난)	견딜(감)

감당하기에 너무 어려울 때,

我	之	過	惡

多	至	難	堪

우리의 지은 죄 감당하기에 너무 어려울 때에, (시 65:3)

When we were overwhelmed by sins,

*over·whelm [òuvərhwélm] vt. 어려울 때, 압도하다, 제압하다, 궤멸시키다, 질리게 하다.

罪孽胜了我, 至于难堪

我	之	愆	尤
우리(아)	~의(지)	허물(건)	더욱(우)

우리의 허물을

我	之	愆	尤

主	必	赦	免
여호와(주)	반드시(필)	용서할(사)	면할(면)

주께서 사하실 것입니다.

主	必	赦	免

우리의 허물을 주께서 사하시리이다. (시 65:3)

*愆尤(건우): 허물, 과실, 실수, 잘못.

As for our transgressions, God forgive them.

我们的过犯, 主都要赦免.

主	所	選	擇
여호와(주)	바(소)	가릴(선)	가릴(택)

주께서 택하심으로

主	所	選	擇

容	至	主	前
용납할(용)	이를(지)	여호와(주)	앞(전)

주 앞에 오게 하시며,

容	至	主	前

주께서 택하심으로 주 앞에 오게하시며, (시 65:4)
Lord choose and bring near to you.
主所拣选, 使他亲近主,

主	憐	憫	我
여호와(주)	불쌍히여길(련)	가여울(민)	우리(아)

여호와께서 우리를 가엽게 여기시어

主	憐	憫	我

賜	福	於	我
줄(사)	복(복)	~에(어)	우리(아)

우리에게 복을 주셨습니다.

賜	福	於	我

여호와께서 우리에게 은혜를 베푸사 복을 주셨나이다. (시 67:1)

God be gracious to us and bless us.

*gra·cious [gréiʃəs] a. 은혜로운, 호의적인, 자비로우신.

愿 神怜悯我们, 赐福与我们,

地	土	出	産
땅(지)	흙(토)	날(출)	낳을(산)

땅이 그의 소산을 내어 주었으니,

地	土	出	産

賜	福	我	儕
줄(사)	복(복)	나(아)	무리(제)

(하나님이)우리에게 복을 주신 것입니다.

賜	福	我	儕

땅이 그의 소산을 내어 주었으니 (하나님이)우리에게 복을 주시리로다. (시 67:6)
The earth has yielded its produce, (God will) bless us.
地已经出了土产; 神 要赐福与我们.

地	之	四	極
땅(지)	~의(지)	넉(사)	끝(극)

땅의 모든 끝이

地	之	四	極

皆	敬	畏	主
다(개)	공경(경)	두려울(외)	여호와(주)

하나님을 경외합니다.

皆	敬	畏	主

땅의 모든 끝이 하나님을 경외하리로다. (시 67:7)

That all the ends of the earth may fear him.

地的四极都要敬畏主!

耶	和	華	歟
예수(야)	화할(화)	빛날(화)	어조사(여)

여호와여,

求	爾	救	我
구할(구)	너(이)	건질(구)	나(아)

나를 구원하십시오.

耶	和	華	歟

求	爾	救	我

여호와여 나를 구원하소서. (시 69:1)

Save me, O God.

耶和华阿, 求你救我!

因	水	流	來
인할(인)	물(수)	흐를(류)	올(래)

물들이 흘러 들어와

因	水	流	來

將	沈	我	命
장차(장)	잠길(침)	나(아)	목숨(명)

나의 생명까지 잠겼습니다.

將	沈	我	命

물들이 흘러들어와 내 생명까지 잠겼나이다. (시 69:1)

For the waters have threatened my life.

因为众水要淹没我.

我	陷	淤	泥
나(아)	빠질(함)	진흙(어)	진흙(니)

내가 깊은 수렁에 빠져 들어가서

無	處	可	立
없을(무)	곳(처)	옳을(가)	설(립)

발 디딜 곳이 없습니다.

我	陷	淤	泥

無	處	可	立

내가 깊은 수렁에 빠져 들어가서 발을 디딜 곳이 없나이다. (시 69:2)

I have sunk in deep mire, and there is no foothold.

*mire [maiər] n. 습지, 늪, 진창; 수렁, 궁지, 곤경, 오욕.

我陷在深淤泥中, 没有立脚之地;

有	怨	我	者
있을(유)	미워할(원)	나(아)	사람(자)

나를 미워하는 자가

多	於	我	髮
많을(다)	~보다(어)	나(아)	터럭(발)

나의 머리털보다 많습니다.

有	怨	我	者

多	於	我	髮

나를 미워하는 자가 나의 머리털보다 많나이다. (시 69:4)

*於(어): 어조사, ~보다, ~에, ~에서, 있다.

Those who hate me without a cause are more than the hairs of my head.

无故恨我的, 比我头发还多;

我	之	愚	昧
나(아)	~의(지)	어리석을(우)	어두울(매)

나의 우매함을

爲	主	所	知
할(위)	여호와(주)	바(소)	알(지)

여호와께서는 아십니다,

我	之	愚	昧

爲	主	所	知

나의 우매함을 여호와께서는 아시옵니다, (시 69:5)

O God, it is you who knows my folly,

耶和华阿, 我的愚昧, 你原知道;

我	之	罪	愆
나(아)	~의(지)	허물(죄)	허물(건)

나의 죄가

我	之	罪	愆

莫	隱	於	主
없을(막)	숨김(은)	~에(어)	여호와(주)

주 앞에서 숨김이 없습니다.

莫	隱	於	主

나의 죄가 주 앞에서 숨김이 없나이다. (시 69:5)

O God, And my wrongs are not hidden from you.

耶和华阿, 我的罪愆不能隐瞒.

我	苦	且	憂
나(아)	쓸(고)	또(차)	근심(우)

내가 괴로움과 근심에 있사오니

求	主	施	救
구할(구)	여호와(주)	베풀(시)	구원할(구)

여호와여 구원을 베풀어주십시오.

我	苦	且	憂

求	主	施	救

내가 괴로움과 근심에 있사오니 여호와여 구원을 베푸소서. (시 69:29)

I am afflicted and in pain, may your salvation.

但我是困苦忧伤的; 神阿, 愿你的救恩.

此	等	惡	人
이(차)	무리(등)	악할(악)	사람(인)

이들은 악인들이라도

此	等	惡	人

常	享	平	康
항상(상)	누릴(향)	평안할(평)	편안할(강)

항상 평안을 누렸습니다.

常	享	平	康

이들은 악인들이라도 항상 평안을 누렸습니다. (시 73:12)

These are the wicked, and always at ease.

这就是恶人; 他们既是常享安逸,

欲	自	明	理
하고자할(욕)	스스로(자)	밝을(명)	깨달을(리)

見	爲	甚	難
볼(견)	하(위)	심할(심)	어려울(난)

내가 스스로 알고자 하였으나

내게는 심히 곤란하였다.

欲	自	明	理

見	爲	甚	難

내가 스스로 알고자 하였으나 내게는 심히 곤란하였더라. (시 73:16)

*理(리): 다스리다, 깨닫다, 사리, 도리, 이치, 매개, 학문, 과목.

When I pondered to understand this, It was troublesome in my sight.

*pon · der [pάndər/pɔ́n-] vi. 숙고하다, 깊이 생각하다.

我思索怎能明白这事, 眼看实系为难.

頃	刻	毁	滅
잠깐(경)	시간(각)	헐(훼)	멸할(멸)

(그런데 그들은) **갑자기 황폐하게 되었고,**

頃	刻	毁	滅

驚	駭	消	亡
놀랄(경)	놀랄(해)	사라질(소)	망할(망)

놀랄 정도로 전멸하였습니다.

驚	駭	消	亡

갑자기(그들은) 황폐되었고 놀랄 정도로 전멸하였나이다. (시 73:19)

How suddenly are they destroyed, completely swept away by terrors!

转眼之间, 成了何等的荒凉, 被惊恐灭尽了.

遠	離	主	者
멀(원)	떠날(리)	여호와(주)	사람(자)

주를 멀리하는 자는

遠	離	主	者

必	致	死	亡
반드시(필)	이를(치)	죽을(사)	망할(망)

망할 것입니다.

必	致	死	亡

주를 멀리하는 자는 망하리니, (시 73:27)
Those who are far from you will perish,
远离主的, 必要死亡;

遠	離	主	者
멀(원)	떠날(리)	여호와(주)	사람(자)

주를 멀리하는 자를

遠	離	主	者

主	必	勦	滅
여호와(주)	반드시(필)	끊을(초)	멸할(멸)

주는 멸망시키셨습니다.

主	必	勦	滅

주를 멀리하는 자를 주가 멸망시키셨습니다. (시 73:27)

God has destroyed all those who are unfaithful to God.

凡离弃主行邪淫的, 主都灭绝了.

惟	主	掌	權
오직(유)	여호와(주)	맡을(장)	권세(권)

使	此	降	卑
하여금(사)	이(차)	내릴(강)	낮을(비)

오직 재판장이신 하나님이

이를 낮추십니다.

卽	主	掌	權

使	此	降	卑

오직 재판장이신 하나님이 이를 낮추시느니라. (시 75:7)

But God is the judge, he puts down one.

惟有 神断定; 他使这人降卑,

主	手	持	杯
여호와(주)	손(수)	가질(지)	잔(배)

여호와의 손에 잔이 있는데,

主	手	持	杯

滿	斟	醲	酒
찰(만)	술따를(짐)	진한술(농)	술(주)

잘 익은 술로 채워졌습니다.

滿	斟	醲	酒

여호와의 손에 잔이 있는데 잘 익은 술로 채웠도다. (시 75:8)

For a cup is in the hand of the Lord, it is well mixed.

耶和华手里有杯, 杯内满了搀杂的酒;

酒	沫	外	溢
술(주)	거품(말)	밖(외)	넘칠(일)

술거품이 일어나서 밖으로 넘치고,

酒	沫	外	溢

將	酒	傾	出
장차(장)	술(주)	기울(경)	날(출)

(그가) **술을 기울어 쏟으시면**

將	酒	傾	出

술거품이 일어나서 밖으로 넘치고 (그가) 술을 쏟으시면, (시 75:8)

The wine foams, and he pours out of this.

其中的酒起沫, 他倒出来,

世	上	惡	人
인간(세)	위(상)	악할(악)	사람(인)

세상의 모든 악인들은

世	上	惡	人

吸	盡	渣	滓
마실(흡)	다할(진)	찌꺼기(사)	찌꺼기(재)

찌꺼기까지 다 마실 것이다.

吸	盡	渣	滓

세상의 모든 악인들은 찌꺼기까지 다 마시리로다. (시 75:8)

Surely all the wicked of the earth must drain and drink down its dregs.

地上的恶人必都喝这酒的渣滓, 而且喝尽.

我	思	念	主
나(아)	생각(사)	생각(념)	여호와(주)

不	勝	不	安
아닐(불)	이길(승)	아니(불)	편안할(안)

내가 하나님을 생각하면서도 **불안을 이기지 못합니다.**

我	思	念	主

不	勝	不	安

내가 하나님을 생각하면서, 불안을 이기지 못하니, (시 77:3)

When I remember God, then I am disturbed,

*정신(정서)장애(자)의; 불안한, 동요한

我想念 神, 就烦躁不安;

我	一	追	想
나(아)	한(일)	사모할(추)	생각(상)

내가 골몰할 때면

心	卽	悲	傷
마음(심)	곧(즉)	슬플(비)	다칠(상)

마음이 상합니다.

我	一	追	想

心	卽	悲	傷

내가 골몰할 때면, 내 마음이 상하도다. (시 77:3)

*追(추): 쫓다, 사모하다, 따르다, 거슬러 올라가다.

When I sigh, then my spirit grows faint.

我沉吟悲伤, 心便发昏.

夜	間	追	念
밤(야)	사이(간)	사모할(추)	생각(념)

밤에 생각했던 것을

主	間	追	念

頌	之	詩	歌
낭송(송)	그것(지)	시(시)	노래(가)

시가로 낭송하면서

頌	之	詩	歌

밤에 생각했던 것을 시가로 낭송하면서, (시 77:6)

I will remember my song in the night.

我想起我夜间的歌曲,

心	中	思	惟
마음(심)	가운데(중)	생각(사)	생각할(유)

(내) 마음 중에 묵상하며

心	中	思	惟

意	內	參	究
뜻(의)	안(내)	간여할(참)	연구할(구)

뜻을 다하여 간구합니다.

意	內	參	究

내 마음 중에 묵상하며, 뜻을 다하여 간구하도다. (시 77:6)

I will meditate with my heart, and my spirit ponders.

*med · i · tate [médətèit] vi. 명상하다, 숙려(熟慮)하다, ~ deeply 깊이 명상하다. *pon · der [pándər/pɔ́n-] vi. 숙고하다, 깊이 생각하다.

扪心自问; 我心里也仔细省察.

大	水	見	主
큰(대)	물(수)	볼(견)	여호와(주)

큰물이 주를 보더니,

大	水	見	主

悉	皆	驚	惶
다(실)	다(개)	놀랄(경)	두려울(황)

모두가 두려워합니다.

悉	皆	驚	惶

큰물이 주를 보더니 모두가 두려워하나이다. (시 77:16)

O God, the waters saw you, they were in anguish.

*an · guish [æŋgwiʃ] n. (심신의) 고통, 괴로움, 고민, 번민.

耶和华阿, 诸水见主, 一见就都惊惶;

主	之	居	所
여호와(주)	~의(지)	살(거)	바(소)

주의 거하는 곳이

主	之	居	所

何	其	可	愛
어찌(하)	그(기)	옳을(가)	사랑(애)

얼마나 그리 사랑스러운지요.

何	其	可	愛

주의 거하는 곳이 어찌 그리 사랑스러운지요. (시 84:1)

How lovely are your dwelling places.

主的居所何等可爱!

雀	鳥	有	巢
참새(작)	새(조)	있을(유)	새집(소)

참새도 집이 있어

可	以	棲	止
옳을(가)	써(이)	깃들일(서)	머물(지)

깃드는데,

雀	鳥	有	巢

可	以	棲	止

참새도 집이 있어 깃드는데, (시 84:3)

Even the sparrow has found a home.

麻雀为自己找着房屋,

燕	子	有	窩
제비(연)	아들(자)	있을(유)	움집(와)

제비도 보금자리가 있어,

可	以	育	雛
옳을(가)	써(이)	기를(육)	병아리(추)

새끼를 양육합니다.

燕	子	有	窩

可	以	育	雛

제비도 보금자리와 새끼를 양육할 곳을 얻었나이다. (시 84:3)

*雛(추): 병아리, 새의 새끼, 아이, 최초, 어리다.

The swallow a nest for herself, where she may have her young.

燕子为自己找着抱雏之窝.

且	有	甘	雨
또(차)	있을(유)	달(감)	비(우)

때를 맞춰 내린 비는

且	有	甘	雨

普	降	福	澤
넓을(보)	내릴(강)	복(복)	윤택할(택)

넓게 윤택한 복으로 채워 주십니다.

普	降	福	澤

이른 비가 내려 복을 채워 주나이다. (시 84:6)

*澤(택): 못, 늪, 은혜. 윤택.

The early rain also covers it with blessings.

并有秋雨之福, 盖满了全谷.

賴	主	之	者
의뢰할(뢰)	여호와(주)	~의(지)	사람(자)

주를 앙망하며 의뢰하는 자는

卽	爲	有	福
곧(즉)	할(위)	있을(유)	복(복)

복이 있습니다.

賴 主 之 者 卽 爲 有 福

주를 의뢰하는 자는 복이 있나이다. (시 84:12)

How blessed is the man who trusts in Lord!

倚靠你的人, 便为有福!

已	息	盛	怒
이미(이)	쉴(식)	성할(성)	성낼(노)

주께서 노여움을 말끔히 거두시며,

已	止	烈	怒
이미(이)	그칠(지)	매울(렬)	성낼(노)

맹렬한 진노를 그치셨습니다.

已	息	盛	怒

已	止	烈	怒

주께서 노여움을 말끔히 거두시며 맹렬한 진노를 그치셨나이다. (시 85:3).

You set aside all your wrath and turned from your fierce anger.

*fierce [fiərs] a. 흉포한, 몹시 사나운

你收转了所发的忿怒, 和你猛烈的怒气.

慈	愛	誠	實
사랑할(자)	사랑(애)	정성(성)	열매(실)

사랑과 성실함이

慈	愛	誠	實

彼	此	相	遇
그(피)	이(차)	서로(상)	만날(우)

피차 서로 만나고,

彼	此	相	遇

사랑과 성실이 함께 만나고, (시 85:10)

Loving kindness and truth have met together,

慈爱和诚实, 彼此相遇;

公	義	平	和
공평할(공)	옳을(의)	편안할(평)	화할(화)

공의와 평화가

公	義	平	和

彼	此	接	吻
그(피)	이(차)	이을(접)	입술(문)

서로 입을 맞추었습니다.

彼	此	接	吻

공의와 평화가 서로 서로 입 맞추었도다. (시 85:10)
Righteousness and peace have kissed each other.
公义和平安, 彼此相亲.

主	亦	賜	福
여호와(주)	또(역)	줄(사)	복(복)

여호와께서 복을 주시니,

主	亦	賜	福

出	産	豊	盛
날(출)	낳을(산)	풍년(풍)	성할(성)

생산물이 풍성하게 납니다.

出	産	豊	盛

여호와께서 좋은 것을 주시리니 풍성한 산물을 내시도다. (시 85:12)

Indeed, the Lord will give what is good, land will yield its produce.

耶和华必将好处赐给我们; 也要多出土产.

人	歸	塵	土
사람(인)	돌아갈(귀)	티끌(진)	흙(토)

(주께서) **사람을 티끌로 돌아가게 하시고**

人	歸	塵	土

主	命	之	曰
여호와(주)	분부(명)	그들(지)	말씀(왈)

주께서 분부하여 말씀하셨습니다.

主	命	之	曰

(주께서) 사람을 티끌로 돌아가게 하시고 주께서 분부하여 말씀하시기를 (시 90:3)

*命(명): 목숨, 분부, 명령, 성질, 가르침, 언약, 자연의 법칙.

You turn men back to dust, saying,

你使人归于尘土, 神说:

爾	世	人	乎
너(이)	세상(세)	인간(인)	아!(호)

너희 인생들은

爾	世	人	乎

爾	曹	當	歸
너(이)	무리(조)	마땅(당)	돌아갈(길)

돌아가라.

爾	曹	當	歸

너희 인생들은 돌아가라. (시 90:3)

*乎(호): 어조사- ~느냐, ~랴!, ~도다, ~에, ~겠지?, ~지, ~보다, 감탄사- 아!

Return to dust, O sons of men.

你们世人要归回.

青	年	如	草
푸를(청)	나이(년)	같을(여)	풀(초)

速	然	枯	凋
빠를(속)	그럴(연)	마를(고)	시들(조)

청년은 한 포기 풀과 같아서

속히 마르고 시들게 됩니다.

青	年	如	草

速	然	枯	凋

청년은 한 포기 풀과 같아서 속히 마르고 시드느니라. (시 90:5)

Youth are like grass which fades and withers away.

青年如生长的草, 急速枯乾.

因	主	震	怒
인할(인)	여호와(주)	우레(진)	성낼(노)

幾	至	消	亡
거의(기)	이를(지)	사라질(소)	망할(망)

주의 진노하심으로 인하여 **소멸됩니다.**

因	主	震	怒

幾	至	消	亡

주의 분노 중에 소멸되었나이다. (시 90:7)

*幾(기): 몇, 거의, 어찌, 얼마 정도, 자주, 종종, 바라건대, 조용히, 기미, 때, 기회.

For we have been consumed by God's anger.

我们因主的怒气而消灭

因	主	忿	怒
인할(인)	여호와(주)	성낼(분)	성낼(로)

주께서 분노하시면

皆	甚	驚	惶
다(개)	심할(심)	놀랄(경)	두려울(황)

모두 소스라치게 놀라게 됩니다.

因	主	忿	怒

皆	甚	驚	惶

주께서 분노하시면 모두가 소스라치게 놀라나이다. (시 90:7)

And by your wrath we have been dismayed.

因主的忿怒而惊惶.

我	儕	年	壽
나(아)	무리(제)	해(년)	목숨(수)

우리의 연수는

不	過	七	十
아닐(불)	지날(과)	일곱(칠)	열(십)

불과 칠십입니다.

我	儕	年	壽

不	過	七	十

우리의 연수가 칠십이요. (시 90:10)

As for the days of our life, they contain seventy years.

我们一生的年日是七十岁,

若	强	健	者
만일(약)	강할(강)	굳셀(건)	사람(자)

강건한 자는

可	至	八	十
가히(가)	이를(지)	여덟(팔)	열(십)

팔십에 이른다.

若	强	健	者

可	至	八	十

강건하면 팔십이라. (시90:10)

If due to strength, eighty years.

*due [dju:] ɑ. 당연한, 합당한, ~할 예정인, ~하기로 되어 있는.

若是强壮可到八十岁;

淸	晨	宣	揚
맑을(청)	새벽(신)	베풀(선)	날릴(양)

아침에 베풀어주심은

主	之	仁	慈
여호와(주)	~의(지)	어질(인)	사랑(자)

주의 인자하심입니다.

淸	晨	宣	揚

主	之	仁	慈

아침에 주의 인자하심을 베풀어주시며, (시 92:2)

To declare your loving-kindness in the morning.

*loving-kindness n. 친애, 정, 하나님의 자애, 인자.

早晨传扬主的慈爱;

夜	間	稱	頌
밤(야)	사이(간)	일컬을(칭)	칭송할(송)

밤마다 칭송합니다.

夜	間	稱	頌

主	之	誠	信
여호와(주)	~의(지)	정성(성)	믿을(신)

주의 성실함을,

主	之	誠	信

밤마다 주의 성실하심을 노래하나이다. (시 92:2)

Praise the Lord at night, and your faithfulness.

*praise [preiz] n. 찬양, 칭송, 칭찬.

每夜传扬主的信实.

十	弦	器	樂
열(십)	시위(현)	그릇(기)	음악(악)

십 현의 악기와

十	弦	器	樂

彈	琴	敲	瑟
탈(탄)	거문고(금)	두드릴(고)	비파(슬)

수금과 비파로 연주하며,

彈	琴	敲	瑟

십 현의 악기와 비파와 수금으로 연주하며, (시 92:3)
With the ten-stringed lute and with the harp,
用十弦的乐器和瑟,

奏	樂	讚	揚
연주(주)	음악(악)	기릴(찬)	날릴(양)

가락에 맞추어 (주를) 찬양함은

奏	樂	讚	揚

斯	爲	最	美
이(사)	위할(위)	가장(최)	아름다울(미)

참으로 아름답습니다.

斯	爲	最	美

가락에 맞추어서 아름답게 주를 찬양하나이다. (시 92:3)

With resounding music upon the lyre.

用琴弹幽雅的声音, 这本为美事.

主	之	作	爲
여호와(주)	~의(지)	지을(작)	위할(위)

여호와여, 주의 행하신 일이

主	之	作	爲

何	其	巨	大
어찌(하)	그(기)	클(거)	클(대)

어찌 그리 크십니까.

何	其	巨	大

여호와여 주의 행하신 일이 어찌 그리 크신지요. (시 92:5)

O Lord, how great are your works.

耶和华阿, 你的工作何其大!

主	之	意	旨
여호와(주)	~의(지)	뜻(의)	뜻(지)

주의 생각이

何	其	甚	深
어찌(하)	그(기)	심할(심)	깊을(심)

심히 깊으십니다.

主	之	意	旨

何	其	甚	深

주의 생각이 심히 깊으시나이다. (시 92:5)

Your thoughts are very deep.

耶和华的心思极其深!

惟	主	至	高
오직(유)	여호와(주)	이를(지)	높을(고)

오직 주님만이 높임을 받으심이

惟	主	至	高

永	世	無	盡
길(영)	인간(세)	없을(무)	다할(진)

영원무궁하실 것입니다.

永	世	無	盡

주님은 영원히 높임을 받으실 것이라. (시 92:8)

*惟(유): 생각하다, 오직, 마당하다, ~으로서, 예.

Because you, Lord, are supreme forever.

惟你耶和华是至高, 直到永远.

叛	逆	主	者
배반할(반)	거스를(역)	여호와(주)	사람(자)

주님의 반역자들은

必	歸	滅	亡
반드시(필)	돌아갈(귀)	멸할(멸)	망할(망)

기필코 멸망하고 말 것입니다.

叛	逆	主	者

必	歸	滅	亡

주님의 저 원수들은 기필코 멸망하고 말 것이라. (시 92:9)

O Lord, surely your enemies will perish.

*per·ish [périʃ] vi. 멸망하다, (비명非命에) 죽다, 썩어 없어지다, 사라지다.

耶和华阿, 你的仇敌都要灭亡;

彼	衆	蹂	躪
저(피)	무리(중)	밟을(유)	짓밟을(린)

그들이 유린한(자들은)

彼	衆	蹂	躪

主	之	百	姓
여호와(주)	~의(지)	모든(백)	겨레(성)

바로 주의 백성입니다.

主	之	百	姓

그들이 주의 백성을 유린하나이다, (시 94:5)
They crush your people, O Lord,
耶和华阿, 他们强压你的百姓,

殺	戮	寡	婦
죽일(살)	죽일(륙)	과부(과)	여자(부)

과부를 죽이며,

殺	戮	寡	婦

害	死	孤	兒
해칠(해)	죽을(사)	고아(고)	아이(아)

고아를 살해하였습니다.

害	死	孤	兒

과부를 죽이며 고아를 살해하였도다. (시 94:6)

*寡(과): 적다, 약하다, 늙은 과부, 홀어머니

They slay the widow, they murder the fatherless.

他们杀死寡妇和寄居的, 又杀害孤儿.

主	必	不	棄
여호와(주)	반드시(필)	아닐(불)	버릴(기)

여호와께서 버리지 않으실 자는

主	必	不	棄

己	之	百	姓
자기(기)	~의(지)	모든(백)	겨레(성)

바로 그의 백성입니다.

己	之	百	姓

여호와께서는 그 백성을 버리지 아니하리라. (시 94:14)
For the Lord will not reject his people,
因为耶和华必不丢弃他的百姓,

必	不	離	絶
반드시(필)	아닐(불)	떠날(리)	끊을(절)

기필코 버리지 않으실 것은

己	之	産	業
자기(기)	~의(지)	낳을(산)	일(업)

바로 그의 소유입니다.

必	不	離	絶

己	之	産	業

자기 소유를 외면하지 않으시리로다. (시 94:14)
He will never forsake his inheritance.
也不离弃他的产业.

心	正	直	人
마음(심)	바를(정)	곧을(직)	사람(인)

마음이 정직한 자가

必	皆	順	從
반드시(필)	다(개)	순할(순)	따를(종)

다 따를 것입니다.

心	正	直	人

必	皆	順	從

마음이 정직한 자가 다 따르리로다. (시 94:15)

All the upright in heart will follow it.

心里正直的, 必都随从.

惡	人	結	黨
악할(악)	사람(인)	맺을(결)	무리(당)

악인들이 모여

謀	害	善	人
꾀할(모)	해칠(해)	착할(선)	사람(인)

선한 사람을 치려 합니다.

惡	人	結	黨

謀	害	善	人

악인들이 모여 선한 사람을 치려 하며. (시 94:21)

They band together against the righteous.

他们大家聚集攻击义人

將	無	辜	者
장차(장)	없을(무)	허물(고)	사람(자)

무고한 자를

定	罪	殺	戮
정할(정)	허물(죄)	죽일(살)	죽일(륙)

정죄하여 죽이려 합니다.

무고한 자를 정죄하여 죽이려 하나이다. (시 94:21)

And condemn the innocent to death.

将无辜的人定为死罪.

爾	曹	皆	來
너(이)	무리(조)	다(개)	올(래)

너희들은 와라.

爾	曹	皆	來

與	歌	頌	主
같이할(여)	노래(가)	칭송할(송)	여호와(주)

같이 주님께 즐거이 노래하자.

與	歌	頌	主

너희들은 오너라 같이 주님께 즐거이 노래하자, (시 95:1)

Come, let us sing for joy to the Lord,

来阿, 我们要向耶和华歌唱,

向	救	之	主
향할(향)	구원할(구)	~의(지)	여호와(주)

구원의 여호와를 향하여

向	救	之	主

大	聲	歡	呼
큰(대)	소리(성)	기쁠(환)	부를(호)

큰 소리로 즐거이 외쳐라.

大	聲	歡	呼

구원의 반석을 향하여 큰 소리로 즐거이 외치라. (시 95:1)

Let us shout joyfully to the rock of our salvation.

向拯救我们的磐石欢呼!

主	前	感	謝
여호와(주)	앞(전)	느낄(감)	사례할(사)

주 앞에서 감사하며,

欣	然	唱	詩
기쁠(흔)	그럴(연)	부를(창)	시(시)

시로 즐거이 주를 노래하자.

主	前	感	謝

欣	然	唱	詩

주 앞에서 감사하며 시로 즐거이 그를 노래할지어다. (시 95:2)

Before God with thanksgiving and extol him with music and song.

*ex · tol [ikstóul] vt. 칭찬(상찬 · 격찬)하다, 극구 칭찬(칭송)하다.

要来感谢主, 用诗歌向他欢呼!

海	屬	於	主
바다(해)	무리(속)	~에(어)	여호와(주)

바다도 주의 것이며,

海	屬	於	主

乃	主	創	造
또(내)	여호와(주)	지을(창)	지을(조)

여호와께서 만드셨고,

乃	主	創	造

바다도 주의 것이라 여호와께서 만드셨고, (시 95:5)

*乃(내): 이에, 또, 곧, 더구나, 도리어, 비로소, 다만, 뜻밖에, 그대, 당신, 너.

The sea is his, for it was he who made it,

海洋属主, 是主造的;

陸	地	亦	爲
육지(륙)	땅(지)	또(역)	할(위)

육지도 역시

陸	地	亦	爲

主	手	造	成
여호와(주)	손(수)	지을(조)	이룰(성)

여호와의 손이 지으셨습니다.

主	手	造	成

육지도 여호와의 손이 지으셨도다. (시 95:5)

His hands formed the dry land.

旱地又主手造成的.

普	天	下	人
넓을(보)	하늘(천)	아래(하)	사람(인)

온 천하 사람들이여,

普	天	下	人

皆	主	歌	唱
다(개)	여호와(주)	노래(가)	부를(창)

모두 여호와께 노래합시다.

皆	主	歌	唱

온 땅이여 여호와께 노래할지어다. (시 96:1)
Sing to the Lord, all the earth.
全地都要向耶和华歌唱!

向	主	歌	唱
향할(향)	여호와(주)	노래(가)	부를(창)

여호와를 향하여 노래하며

向	主	歌	唱

讚	美	主	名
찬양할(찬)	아름다울(미)	여호와(주)	이름(명)

주의 이름을 찬미합시다.

讚	美	主	名

여호와를 향하여 노래하며 주의 이름을 찬미하라. (시 96:2)

Sing to the Lord, bless his name.

要向耶和华歌唱, 称颂他的名!

日	日	宣	揚
날(일)	날(일)	공포할(선)	날릴(양)

날마다 전파할 것은

主	之	救	恩
여호와(주)	~의(지)	구원할(구)	은혜(은)

주의 구원의 은혜입니다.

日 日 宣 揚

主 之 救 恩

그의 구원을 날마다 전파할지어다. (시 96:2)

Proclaim good tidings of his salvation from day to day.

*ti · dings [táidiŋz] n. 통지, 기별, 소식. *sal · va · tion [sælvéiʃən] n. 구원, 구세주.

天天传扬主的救恩!

因	主	至	大
인할(인)	여호와(주)	이를(지)	큰(대)

여호와는 위대하시니

極	當	頌	揚
극진할(극)	마땅(당)	칭송할(송)	날릴(양)

극진히 찬양할 것입니다.

因	主	至	大

極	當	頌	揚

여호와는 위대하시니 극진히 찬양할 것이요. (시 96:4)

For great is the Lord and greatly to be praised.

因耶和华为大, 当受极大的赞美;

諸	神	之	上
모두(제)	신(신)	~의(지)	위(상)

모든 신들보다

當	受	敬	畏
마땅(당)	받을(수)	공결할(경)	두려울(외)

마땅히 경외함을 받으실 것입니다.

諸	神	之	上

當	受	敬	畏

모든 신들보다 마땅히 경외함을 받으실 것임이라. (시 96:4)

He is to be feared above all gods.

他在万神之上, 当受敬畏.

主	執	掌	王
여호와(주)	다스릴(집)	주관(장)	임금(왕)

여호와께서 다스리는 왕이시니,

主	執	掌	王

地	須	歡	樂
땅(지)	마땅히(수)	기쁠(환)	즐길(락)

땅은 마땅히 즐거워합니다.

地	須	歡	樂

여호와께서 다스리시는 왕이시니 땅은 즐거워하도다. (시 97:1)

*執(집): 잡다, 다스리다, 처리하다. *掌(장): 손바닥, 솜씨, 주관하다, 받들다.

The Lord reigns, let the earth rejoice.

耶和华作王! 愿地快乐!

黑	雲	密	雲
검을(흑)	구름(운)	빽빽할(밀)	구름(운)

在	主	之	圍
있을(재)	여호와(주)	~의(지)	에워쌀(위)

구름과 흑암이

주위를 둘렀습니다.

黑	雲	密	雲

在	主	之	圍

구름과 흑암이 여호와 주위를 둘렀고, (시 97:2)

Clouds and thick darkness surround him.

密云和幽暗, 在他的四围;

公	正	仁	義
공평할(공)	바를(정)	어질(인)	옳을(의)

主	寶	座	基
여호와(주)	보배(보)	자리(좌)	터(기)

의와 공평이 **주 보좌의 기초입니다.**

公	正	仁	義

主	寶	座	基

의와 공평이 그 보좌의 기초로다. (시 97:2)

Righteousness and justice are the foundation of his throne.

*throne [θroun] n. 보좌, 왕좌, 옥좌.

公义和公平, 是他宝座的根基.

崇	拜	偶	像
높을(숭)	절(배)	허수아비(우)	형상(상)

우상을 숭배함으로

皆	必	羞	愧
다(개)	반드시(필)	수치(수)	부끄러울(괴)

다 수치를 당할 것이다.

崇	拜	偶	像

皆	必	羞	愧

우상을 숭배함으로 다 수치를 당할 것이라. (시 97:7)

*偶(우): 짝, 허수아비, 짝짓다, 우연히

All who worship images are put to shame.

*im·age [ímidʒ] n. 우상(偶像), 화상(畫像), 초상, 조상(彫像), 성상(聖像), 우상.

愿一切事奉雕刻的偶像, 都蒙羞愧.

惟	主	至	高
오직(유)	여호와(주)	이를(지)	높을(고)

오직 여호와는 가장 높으며,

治	理	全	地
다스릴(치)	다스릴(리)	온전할(전)	땅(지)

온 땅을 치리하시는 분이시다.

惟	主	至	高

治	理	全	地

주님은 온 땅을 다스리는 가장 높으신 분이시라. (시 97:9)

For you, O Lord, are the most high over all the earth.

因为你–耶和华至高, 超乎全地;

惟	主	至	高
오직(유)	여호와(주)	이를(지)	높을(고)

오직 여호와는 가장 높으셔서,

惟	主	至	高

諸	神	之	上
모두(제)	신(신)	~의(지)	위(상)

모든 신들 위에 계십니다.

諸	神	之	上

여호와는 모든 신들보다 더 높으신 분이시라. (시 97:9)

You are exalted far above all gods.

你被尊崇, 远超万神之上.

爾	曹	義	人
너(이)	무리(조)	옳을(의)	사람(인)

너희 의인들아,

爾	曹	義	人

因	主	歡	喜
인할(인)	여호와(주)	기쁠(환)	기쁠(희)

여호와로 말미암아 기뻐하라.

因	主	歡	喜

너희 의인들아 여호와로 말미암아 기뻐하라. (시 97:12)

Be glad in the Lord, you righteous ones.

你们义人当靠耶和华欢喜,

新	詩	主	唱
새(신)	시(시)	여호와(주)	부를(창)

새 노래로 여호와께 찬송하라,

新	詩	主	唱

主	行	奇	事
여호와(주)	행할(행)	기이할(기)	일(사)

주는 기이한 일을 행하신다.

主	行	奇	事

새 노래로 여호와께 찬송하라 주는 기이한 일을 행하시리로다. (시 98:1)

O sing to the Lord a new song, for he has done wonderful things.

你们要向耶和华唱新歌! 因为他行过奇妙的事;

彈	琴	頌	主
연주할(탄)	거문고(금)	칭송할(송)	여호와(주)

수금으로 여호와를 노래하라,

彈	琴	頌	主

以	琴	聲	歌
써(이)	거문고(금)	소리(성)	노래(가)

수금과 음성으로 노래하라.

以	琴	聲	歌

수금으로 여호와를 노래하라 수금과 음성으로 노래할지어다. (시 98:5)

Make a music to the Lord with the harp, with the harp and the sound of singing.

要用琴歌颂耶和华, 用琴和诗歌的声音歌颂他!

箛	聲	角	聲
피리(고)	소리(성)	뿔피리(각)	소리(성)

나팔과 뿔피리 소리로

箛	聲	角	聲

主	前	歡	呼
여호와(주)	앞(전)	기뻐할(환)	부를(호)

여호와 앞에서 기뻐 외쳐라.

主	前	歡	呼

나팔과 뿔피리소리로 여호와 앞에서 기뻐 외칠지어다. (시 98:6)

With trumpets and the sound of the horn shout joyfully before the Lord.

用号和角声, 在耶和华面前欢呼!

主	執	王	權
여호와(주)	잡을(집)	임금(왕)	권세(권)

여호와께서 통치하시니

萬	民	悚	懼
일만(만)	백성(민)	두려울(송)	두려울(구)

만민이 떨 것이다.

主	執	王	權

萬	民	悚	懼

여호와께서 통치하시니 만민이 떨 것이요. (시 99:1)

The Lord reigns, let the peoples tremble.

*reign [rein] n. 통치, 지배, 통치권, 힘, 세력, 권세.

耶和华作王; 万民当战抖!

主	在	郇	城
여호와(주)	있을(재)	나라(순)	성(성)

시온에 계시는 여호와는

主	在	郇	城

極	大	無	比
극진할(극)	큰(대)	없을(무)	견줄(비)

위대하시니 비교할 수가 없다.

極	大	無	比

시온에 계시는 여호와는 위대하시니 비교할 수 없어, (시 99:2)

Great is the Lord in Zion,

耶和华在锡安为大; 他超乎万民之上.

萬	民	之	上
일만(만)	백성(민)	~의(지)	위(상)

모든 민족 위에

萬	民	之	上

惟	主	至	高
오직(유)	여호와(주)	이를(지)	높을(고)

오직 여호와만 높으시다.

惟	主	至	高

모든 민족 위에 오직 여호와만 높으시도다. (시 99:2)

He is exalted over all nations.

*ex · ált · ed [-id] a. 위대한, 고귀한, 지위 신분이 높은.

他超乎万民之上.

普	天	下	人
넓을(보)	하늘(천)	아래(하)	사람(인)

온 천하 사람들이여,

普	天	下	人

向	主	歡	呼
향할(향)	여호와(주)	기쁠(환)	부를(호)

여호와를 향하여 환호하자.

向	主	歡	呼

온 천하 사람들이여 여호와를 향하여 환호할지어다. (시 100:1)

Shout joyfully to the Lord, all the earth.

普天下当向耶和华欢呼!

欣	奉	事	主
기쁠(흔)	섬길(봉)	일(사)	여호와(주)

기쁨으로 여호와를 섬기며

主	前	歌	唱
여호와(주)	앞(전)	노래(가)	부를(창)

여호와 앞에서 노래하자.

欣	奉	事	主

主	前	歌	唱

기쁨으로 여호와를 섬기며 그의 앞에서 노래하리다. (시 100:2)

Serve the Lord with gladness, come before him with joyful singing.

你们当乐意事奉耶和华, 当来向他歌唱!

主	之	慈	愛
여호와(주)	~의(지)	사랑할(자)	사랑(애)

여호와의 인자하심이

主	之	慈	愛

永	遠	長	存
영원(영)	멀(원)	길(장)	있을(존)

영원하십니다.

永	遠	長	存

여호와의 인자하심이 영원하시도다. (시 100:5)

Lord's love endures forever.

耶和华的慈爱, 存到永远;

主	之	誠	實
여호와(주)	~의(지)	정성(성)	열매(실)

여호와의 성실하심이

主	之	誠	實

萬	代	恒	有
일만(만)	세대(대)	항상(항)	있을(유)

대대에 이를 것이다.

萬	代	恒	有

여호와의 성실하심이 대대에 이르리로다. (시 100:5)

Lord's faithfulness continues through all generations.

耶和华的信实, 直到万代.

仁	慈	公	義
어질(인)	사랑(자)	공평할(공)	옳을(의)

인자와 정의를

仁	慈	公	義

奏	樂	歌	詩
연주(주)	즐길(락)	노래(가)	시(시)

즐겁게 노래하리라.

奏	樂	歌	詩

인자와 정의를 노래하리라. (시 101:1)

I will sing of loving kindness and justice.

我要歌唱慈爱和公平; 我要向你歌颂!

邪	僻	之	事
사악할(사)	간사할(벽)	~의(지)	일(사)

사벽한 일은

邪	僻	之	事

不	容	目	前
아닐(불)	용납(용)	눈(목)	앞(전)

눈앞에 얼씬도 못하게 할 것이다.

不	容	目	前

사벽한 일은 눈앞에 얼씬도 못하게 할 것이라. (시 101:3)

I will set no worthless thing before my eyes.

邪僻的事, 我都不摆在我眼前;

叛	逆	之	事
배반할(반)	거스를(역)	~의(지)	일(사)

배역의 거스르는 일을

叛	逆	之	事

我	最	恨	惡
나(아)	가장(최)	원망(한)	미워할(오)

나는 미워할 것이다.

我	最	恨	惡

배역의 거스르는 일을 나는 미워하리다. (시 101:3)

*恨(한): 한, 원망스럽다, 한탄, 미워하다, 억울하다.

I hate the work of those who fall away.

悖逆人所做的事, 我甚恨恶,

心	存	奸	詐
마음(심)	있을(존)	간사할(간)	속일(사)

사악한 마음이

心	存	奸	詐

必	遠	離	我
반드시(필)	멀(원)	떠날(리)	나(아)

내게서 떠날 것이다.

必	遠	離	我

사악한 마음이 내게서 떠날 것이라. (시 101:4)

A perverse heart shall depart from me.

*per·verse [pərvə́:rs] a. 사악한, 심술궂은, 성미가 비꼬인.

弯曲的心思, 我必远离;

陰	毁	隣	者
몰래(음)	헐(훼)	이웃(린)	사람(자)

자기의 이웃을 은근히 헐뜯는 자를

陰	毁	隣	者

我	必	絶	之
나(아)	반드시(필)	끊을(절)	그들(지)

내가 멸할 것이다.

我	必	絶	之

자기의 이웃을 은근히 헐뜯는 자를 내가 멸할 것이요. (시 101:5)

*陰(음): 그늘, 몰래, 저승, 그림자, 생식기, 암컷, 어둡다. *之(지): 그, 그들, 그것, 그 사람, ~의, ~한, 가다, 이르다.

Whoever secretly slanders his neighbor, him I will destroy.

在暗中谗谤他邻居的, 我必将他灭绝;

目	傲	心	驕
눈(목)	거만할(오)	마음(심)	교만할(교)

눈이 거만하고 마음이 교만한 자를

我	必	不	容
나(아)	반드시(필)	아닐(불)	용납(용)

내가 용납하지 않을 것이다.

目	傲	心	驕

我	必	不	容

눈이 거만하고 마음이 교만한 자를 내가 용납하지 아니하리로다. (시 101:5)

No one who has a haughty look and an arrogant heart will I endure.

*haugh·ty [hɔ́:ti] a. (-ti·er; -ti·est) 오만한, 거만한, 건방진, 도도한, 불손한. *ar·ro·gant [ǽrəgənt] a. 거들먹거리는, 오만한, 교만한.

眼目高午, 心里骄纵的, 我必不容他.

耶	和	華	歟
어조사(야)	화할(화)	빛날(화)	여조사(여)

여호와여

耶	和	華	歟

聽	我	禱	告
들을(청)	나(아)	빌(도)	알릴(고)

내 기도를 들으시고

聽	我	禱	告

여호와여 내 기도를 들으시고, (시 102:1)

Hear my prayer, O LORD!

耶和华阿, 求你听我的祷告,

我	哀	之	聲
나(아)	슬픔(애)	~의(지)	소리(성)

나의 부르짖음을

達	於	主	前
전할(달)	~에(어)	여호와(주)	앞(전)

주께 상달케 하소서.

我	哀	之	聲

達	於	主	前

나의 부르짖음을 주께 상달케 하소서. (시 102:1)

And let my cry for help come to God.

容我的呼求达到你面前!

我	之	年	歲
나(아)	~의(지)	해(년)	시일(세)

내 날이

如	煙	消	滅
같을(여)	연기(연)	사라질(소)	멸할(멸)

연기같이 소멸하며,

我	之	年	歲

如	煙	消	滅

내 날이 연기같이 소멸하며, (시 102:3)

For my days have been consumed in smoke.

*con · sume [kənsúːm] vt. 소멸하다, 다 써버리다, 소비하다, 소모하다

我的年日如烟云消灭;

我	骨	焦	枯
나(아)	뼈(골)	탈(초)	마를(고)

내 뼈가 마른 것은

如	火	爐	燒
같을(여)	불(화)	화로(로)	불사를(소)

화덕같이 탔습니다.

我	骨	焦	枯

如	火	爐	燒

내 뼈가 마른 것은 화덕같이 탔음이라. (시 102:3)

And my bones have been scorched like a hearth.

*hearth [hɑ:rθ] n. 노(爐), 화덕, 난로, 노변, 화상.

我的骨头, 如火把烧着.

哀	號	歎	息
슬플(애)	울(호)	탄식할(탄)	쉴(식)

(나의) **탄식 소리로 말미암아**

哀	號	歎	息

肌	肉	貼	骨
피부(기)	살(육)	붙일(첩)	뼈(골)

(나의) **살이 뼈에 붙었습니다.**

肌	肉	貼	骨

나의 탄식 소리로 말미암아 나의 살이 뼈에 붙었나이다. (시 102:5)

Because of the loudness of my groaning my bones cling to my flesh.

*cling [kliŋ] vi. (p., pp. clung [klʌŋ]) 착 들러붙다, 고착하다.

因我唉哼的声音, 我的肉紧贴骨头.

我	食	灰	塵
나(아)	먹을(식)	재(회)	티끌(진)

내가 재를 먹는 것이

如	同	食	物
같을(여)	함께(동)	먹을(식)	물건(물)

음식을 먹는 듯합니다.

我	食	灰	塵

如	同	食	物

나는 재를 음식같이 먹으며, (시 102:9)

For I have eaten ashes like bread.

我吃过炉灰, 如同吃饭;

我	所	飮	者
나(아)	바(소)	마실(음)	것(자)

내가 마시는 물은

如	淚	調	和
같을(여)	눈물(루)	어울릴(조)	화할(화)

눈물 섞인 것입니다.

我	所	飮	者

如	淚	調	和

나는 눈물 섞인 물을 마셨나이다. (시 102:9)

*調(조): 고르다, 어울리다, 조절하다, 적합하다, 칭하다, 징발하다.

And mingled my drink with weeping.

我所喝的与眼泪搀杂.

求	主	興	起
구할(구)	여호와(주)	일어날(흥)	일어날(기)

주께서 일어나셔서

求	主	興	起

憐	恤	郇	城
가여울(련)	불쌍할(휼)	나라(순)	성(성)

시온을 긍휼히 여기십시오.

憐	恤	郇	城

주께서 일어나사 시온을 긍휼히 여기소서. (시 102:13)
You will arise and have compassion on Zion.
你必起来怜恤锡安,

向	郇	施	恩
향할(향)	나라이름(순)	베풀(시)	은혜(은)

시온을 향하여 은혜를 베푸시려는,

向	郇	施	恩

日	期	已	届
날(일)	기약(기)	이미(이)	이를(계)

정한 시일이 다가옵니다.

日	期	已	届

시온을 향하여 은혜를 베푸실 정한 기한이 다가옴이라. (시 102:13)

For it is time to be gracious to Zion, for the appointed time has come.

因现锡安可怜她的时候, 日期已经到了.

我	心	頌	主
나(아)	마음(심)	칭송할(송)	여호와(주)

내 영혼아 여호와를 송축하라,

我	心	頌	主

讚	美	主	名
찬양할(찬)	아름다울(미)	여호와(주)	이름(명)

여호와 거룩한 이름을 찬미하라.

讚	美	主	名

내 영혼아 여호와를 송축하라 그의 거룩한 이름을 찬미하라. (시 103:1)

Bless the Lord, O my soul, bless his holy name.

我的心哪, 你要称颂耶和华!

我	心	頌	主
나(아)	마음(심)	칭송할(송)	여호와(주)

내 영혼아 여호와를 송축하며

我	心	頌	主

勿	忘	恩	惠
말(물)	잊을(망)	은혜(은)	은혜(혜)

그의 모든 은혜를 잊지 말라.

勿	忘	恩	惠

내 영혼아 여호와를 송축하며 그의 모든 은혜를 잊지 말지어다. (시 103:2)

Bless the Lord, O my soul, and forget none of his benefits.

你要称颂耶和华! 不可忘记他的一切恩惠!

主	赦	免	罪
여호와(주)	용서할(사)	면할(면)	허물(죄)

여호와께서 죄를 사하시며

醫	治	疾	病
의원(의)	다스릴(치)	병(질)	병(질)

모든 병을 고치십니다.

主	赦	免	罪

醫	治	疾	病

여호와께서 죄를 사하시며 모든 병을 고치시나이다. (시 103:3)

Who pardons all your iniquities, who heals all your diseases.

主赦免你的一切罪孽, 医治你的一切疾病.

救	贖	爾	命
구원(구)	속죄할(속)	너(이)	목숨(명)

네 생명을 구원함으로

免	於	死	亡
면할(면)	에(어)	죽을(사)	망할(망)

사망을 면케 하심이라.

救	贖	爾	命

免	於	死	亡

구속함으로 네 목숨을 구렁에서 건져주시고, (시 103:4)

Who redeems your life from the pit.

他救赎你的命脱离死亡,

慈	愛	冠	冕
사랑(자)	사랑(애)	갓(관)	면류관(면)

사랑과 자비의 면류관을

加	於	我	首
더할(가)	~에(어)	나(아)	머리(수)

너의 머리에 씌워주셨다.

慈	愛	冠	冕

加	於	我	首

사랑과 자비의 면류관을 씌워주셨도다. (시 103:4)

Who crowns you with loving-kindness and compassion.

以仁爱和慈悲为你的冠冕.

主	憐	恤	之
여호와(주)	가여울(련)	불쌍할(휼)	갈(지)

여호와께서 불쌍히 여기심은

主	憐	恤	之

如	父	恤	子
같을(여)	아버지(부)	불쌍할(휼)	아들(자)

아버지가 자식을 불쌍히 여김 같다.

如	父	恤	子

아버지가 자식을 불쌍히 여김 같이 여호와께서 불쌍히 여기시나니(시 103:13)

Just as a father has compassion on his children, So the LORD has compassion (on those who fear him).

父亲怎样怜恤他的儿女, 耶和华也怎样怜恤.

歲	月	如	草
해(세)	달(월)	같을(여)	풀(초)

세월은 풀과 같으며,

歲	月	如	草

榮	如	野	花
영화(영)	같을(여)	들(야)	꽃(화)

영화가 들의 꽃과 같다.

榮	如	野	花

세월은 풀과 같으며 영화가 들의 꽃과 같도다. (시 103:15)

His days are like grass, he flourishes like a flower of the field.

他的年日如草一样, 他发旺如野地的花,

一	經	風	吹
한(일)	지날(경)	바람(풍)	불(취)

(그것은) **바람이 지나면**

一	經	風	吹

便	歸	無	有
곧(변)	돌아갈(귀)	없을(무)	있을(유)

곧 없어진다.

便	歸	無	有

(그것은) 바람이 지나면 없어지나니, (시 103:16)

*便(편, 변): 문득(변), 곧(변), 편하다(편), 휴식하다(편).

When the wind has passed over it and it is no more.

经风一吹, 便归无有;

風	之	原	處
바람(풍)	~의(지)	근원(원)	머무를(처)

바람이 불어 온 곳을

不	復	知	之
아닐(부)	다시(부)	알(지)	그것(지)

다시 알지 못할 것이다.

風	之	原	處

不	復	知	之

바람이 불어온 곳을 다시 알지 못할 것이라. (시 103:16)

You cannot even see where the flower was.

風的原处, 也不再认识他.

主	在	天	上
여호와(주)	있을(재)	하늘(천)	위(상)

堅	定	寶	座
굳을(견)	정할(정)	보배(보)	자리(좌)

여호와께서 하늘 위에

보좌를 세우시고,

主	在	天	上

堅	定	寶	座

여호와께서 하늘 위에 보좌를 세우시고, (시 103:19)

The Lord has established his throne in the heavens,

耶和华在天上立定宝座;

執	掌	權	柄
잡을(집)	손바닥(장)	권세(권)	권력(병)

(그의) 주권으로

執	掌	權	柄

治	理	萬	有
다스릴(치)	다스릴(리)	일만(만)	있을(유)

만유를 다스리십니다.

治	理	萬	有

(그의) 주권으로 만유를 다스리시도다. (시 103:19)

*柄(병): 자루, 권력, 권세, 근본.

And his sovereignty rules over all.

*sov·er·eign·ty [sάvərinti, sʌ́v-] n. 주권, 종주권, 통치권, 독립국.

他的权柄, 统管万有.

主	一	叱	喝
여호와(주)	한(일)	꾸짖을(질)	꾸짖을(갈)

주께서 꾸짖으시니

主	一	叱	喝

水	卽	速	退
물(수)	곧(즉)	빠를(속)	물러날(퇴)

물은 빠르게 물러났다.

水	卽	速	退

주께서 꾸짖으시니 물은 빠르게 물러났도다. (시 104:7)

When God rebuked the waters, they fled.

你的斥责一发, 水便奔逃;

主	發	雷	聲
여호와(주)	필(발)	우레(뢰)	소리(성)

주의 우렛소리로 말미암아

水	便	急	流
물(수)	곧(변)	급할(급)	흐를(류)

물이 빨리 흘러갔다.

主	發	雷	聲

水	便	急	流

주의 우렛소리로 말미암아 물이 빨리 흘러가니라. (시 104:7)

*便(편, 변): 편하다, 아첨하다, 익히다, 소식, 곧(변), 문득(변), 똥오줌(변).

At the sound of your thunder the waters hurried away.

你的雷声一发, 水便奔流.

上	至	山	岡
위(상)	이를(지)	뫼(산)	산등성(강)

산은 오르고

下	至	平	原
아래(하)	이를(지)	평평할(평)	언덕(원)

골짜기는 내려갔다.

上	至	山	岡

下	至	平	原

산은 오르고 골짜기는 내려갔나이다. (시 104:8)

The mountains rose, the valleys sank down.

诸山升上, 诸谷沉下,

主	定	界	限
여호와(주)	정할(정)	지경(계)	경계(한)

使	水	不	過
시킬(사)	물(수)	아닐(불)	지날(과)

주께서 경계를 정하여

물이 넘치지 못하게 하셨습니다.

主	定	界	限

使	水	不	過

주께서 물의 경계를 정하여 넘치지 못하게 하시도다. (시 104:9)

You set a boundary that they may not pass over.

你定了界限, 使水不能过去,

空	中	飛	鳥
빌(공)	가운데(중)	날(비)	새(조)

공중의 새들도

棲	止	其	旁
깃들일(서)	머물(지)	그(기)	곁(방)

그 옆에서 머물며 깃든다.

空	中	飛	鳥

棲	止	其	旁

공중의 새들도 그 옆에서 깃들도다. (시 104:12)

Beside them the birds of the heavens dwell.

天上的飞鸟在水旁住宿,

主	一	賞	賜
여호와(주)	한(일)	상(상)	줄(사)

주께서 상을 주사,

主	一	賞	賜

便	皆	拾	取
곧(변)	다(개)	주울(습)	가질(취)

곧 모두가 취하였다.

便	皆	拾	取

주께서 상을 주시사 저희가 취하였도다. (시 104:28)

You give to them, they gather it up.

你给它们, 它们便拾起来;

上	帝	張	手
하늘(상)	임금(제)	베풀(장)	손(수)

주께서 손을 펴신즉,

便	皆	得	飽
곧(변)	다(개)	얻을(득)	배부를(포)

모두 배부르게 되었다.

上 帝 張 手

便 皆 得 飽

주께서 손을 펴신즉, 그들이 좋은 것으로 배부르도다. (시 104:28)

You open your hand, they are satisfied with good food.

你张手, 它们饱得美食.

主	一	掩	面
여호와(주)	한(일)	가릴(엄)	낯(면)

주께서 한번 낯을 가리시면

便	皆	驚	惶
곧(변)	다(개)	놀랄(경)	두려울(황)

그들이 떨게 된다.

主	一	掩	面

便	皆	驚	惶

주께서 한번 낯을 가리시면, 그들이 떨게 되도다. (시 104:29)

You hide your face, they are dismayed.

你掩面, 它们便惊惶;

主	之	榮	耀
여호와(주)	~의(지)	영화(영)	빛날(요)

永	遠	長	存
길(영)	멀(원)	길(장)	있을(존)

주님의 영광은 **영원하여라.**

主	之	榮	耀

永	遠	長	存

주님의 영광은 영원하여라. (시 104:31)

May the glory of the Lord endure forever.

愿耶和华的荣耀存到永远!

當	稱	頌	主
마땅(당)	일컬을(칭)	칭송할(송)	여호와(주)

여호와를 칭송하라.

當	稱	頌	主

因	主	至	善
인할(인)	여호와(주)	지극할(지)	착할(선)

주는 지극히 선하시며,

因	主	至	善

여호와를 칭송하라 주는 지극히 선하시며, (시 106:1)

*至(지): 이르다, 지극하다, 이루다, 힘쓰다, 지향하다, 실체.

Praise the Lord, for he is good,

你们要赞美耶和华! 因他本为善,

主	之	恩	惠
여호와(주)	~의(지)	은혜(은)	은혜(혜)

주의 은혜로움이

永	遠	長	存
길(영)	멀(원)	길(장)	있을(존)

영원합니다.

主 之 恩 惠 永 遠 長 存

주의 은혜로움이 영원함이로다. (시 106:1)

For his loving kindness is everlasting.

他的慈爱永远长存!

常	行	公	義
항상(상)	행할(행)	공평할(공)	옳을(의)

人	便	有	福
사람(인)	편할(편)	있을(유)	복(복)

항상 공의를 행하는 자는 복이 있다.

常	行	公	義

人	便	有	福

항상 공의를 행하는 자는 복이 있도다. (시 106:3)

How blessed are those who practice righteousness at all times.

常行公义的, 这人便为有福!

在	幕	發	怨
있을(재)	장막(막)	밝힐(발)	원망(원)

장막에서 원망하며

在	幕	發	怨

不	聽	主	言
아닐(불)	들을(청)	여호와(주)	말씀(언)

여호와의 말씀을 듣지 않았다.

不	聽	主	言

장막에서 원망하며 여호와의 음성을 듣지 아니하였도다. (시 106:25)

*發(발): 피다, 밝히다, 일어나다, 떠나다, 들추다, 계발하다.

They grumbled in their tents and did not obey the Lord.

在自己帐棚内发怨言, 不听耶和华的声音.

崇	拜	偶	像
높을(숭)	절(배)	허수아비(우)	형상(상)

우상들을 섬기므로

崇	拜	偶	像

陷	溺	罪	網
빠질(함)	빠질(익)	허물(죄)	그물(망)

죄에 빠질 올무가 되었다.

陷	溺	罪	網

우상들을 섬기므로 그들에게 올무가 되었도다. (시 106:36)

And served their idols, which became a snare to them.

*snare [snεər] n. 덫, 올가미, 속임수, 함정.

事奉他们的偶像, 这就成了自己的网罗,

屠	戮	子	女
죽일(도)	죽일(륙)	아들(자)	딸(녀)

祭	祀	鬼	魔
제사(제)	제사(사)	귀신(귀)	마귀(마)

그들의 자녀를 희생시켜 **악귀들에게 제물로 바쳤다.**

屠	戮	子	女

祭	祀	鬼	魔

그들의 자녀를 악귀들에게 희생 제물로 바쳤도다. (시 106:37)

They even sacrificed their sons and their daughters to the demons.

*sac·ri·fice [sǽkrəfàis] n. 희생, 산 제물, 제물, 속죄의 기도, 회오(悔悟).

把自己的儿女祭祀鬼魔,

蒙	主	救	者
입을(몽)	여호와(주)	건질(구)	사람(자)

여호와의 속량을 입은 자들은

蒙	主	救	者

當	如	是	言
마땅(당)	같을(여)	이(시)	말씀(언)

이같이 말하라.

當	如	是	言

여호와의 속량을 입은 자들은 이같이 말할지어다. (시 107:2)

Let the redeemed of the Lord say so.

*re·deem [ridí:m] vt. 되찾다, 속량하다, 구속(救贖)하다, 속죄하다.

愿耶和华的赎民说这话,

緣	主	贖	之
인연(연)	여호와(주)	속죄할(속)	그(지)

여호와의 구속으로 인하여

脫	於	敵	手
벗을(탈)	~에(어)	원수(적)	손(수)

대적의 손에서 벗어나게 하셨습니다.

緣	主	贖	之

脫	於	敵	手

여호와께서 속죄하셔서 대적의 손에서 벗어나게 하셨도다. (시 107:2)

Whom he has redeemed from the hand of the adversary.

*ad·ver·sary [ædvərsèri/-səri] n. 적, 상대, 대항자, 대적.

就是他从敌人手中所救赎的,

彼	在	曠	野
그(피)	있을(재)	빌(광)	들(야)

그들이 광야,

彼	在	曠	野

荒	地	漂	流
거칠(황)	땅(지)	떠돌(표)	흐를(류)

사막에서 방황하며,

荒	地	漂	流

그들이 광야 사막에서 방황하며, (시 107:4)

They wandered in the wilderness in a desert region.

他们在旷野荒地漂流,

迷	失	路	途
헤맬(미)	잃을(실)	길(로)	길(도)

노정에서 길을 잃어

迷	失	路	途

不	遇	居	城
아닐(불)	만날(우)	있을(거)	성(성)

거주할 성읍을 찾지 못하고,

不	遇	居	城

노정에서 길을 잃어 거주할 성읍을 찾지 못하고, (시 107:4)

*迷(미): 미혹하다, 헤매다, 길을 잃다, 심취하다, 혼미하다.

They did not find a way to an inhabited city.

寻不见可住的城邑,

又	饑	又	渴
또(우)	주릴(기)	또(우)	목마를(갈)

주리고 목이 말라

心	甚	疲	憊
마음(심)	심할(심)	지칠(피)	고달플(비)

(그들의) **영혼이** (그들) **안에서 피곤하였다.**

又	饑	又	渴

心	甚	疲	憊

주리고 목이 말라 (그들의) 영혼이 (그들) 안에서 피곤하였도다. (시 107:5)
They were hungry and thirsty, their soul fainted within them.
又饥又渴, 心里发昏.

主	使	江	河
여호와(주)	시킬(사)	강(강)	내(하)

여호와께서는 강을

變	爲	沙	漠
변할(변)	될(위)	모래(사)	사막(막)

변화시켜 광야가 되게 하시며,

主	使	江	河

變	爲	沙	漠

여호와께서는 강을 변하여 광야가 되게 하시며, (시 107:33)
He changes rivers into a wilderness.
他使江河变为旷野,

泉	源	之	處
샘(천)	근원(원)	~의(지)	곳(처)

샘의 근원이

泉	源	之	處

變	爲	旱	地
변할(변)	위할(위)	가물(한)	땅(지)

변하여 마른 땅이 되게 하셨다.

變	爲	旱	地

샘의 근원이 변하여 마른 땅이 되게 하시도다. (시 107:33)

And springs of water into a thirsty ground.

叫水泉变为乾渴之地,

耕	種	田	地
밭갈(경)	씨(종)	밭(전)	땅(지)

밭에 파종하며

耕	種	田	地

栽	葡	萄	園
심을(재)	포도(포)	포도(도)	동산(원)

포도원을 재배하셨다.

栽	葡	萄	園

밭에 파종하며 포도원을 재배하도다. (시 107:37)

And sow fields and plant vineyards.

又种田地, 栽葡萄园,

得	享	果	實
언을(득)	누릴(향)	실과(과)	열매(실)

풍성한 과실과

得	享	五	穀
언을(득)	누릴(향)	다섯(오)	곡식(곡)

풍성한 오곡을 거두게 하셨다.

得	享	果	實

得	享	五	穀

풍성한 소출을 거두게 하시도다. (시 107:37)

And gather a fruitful harvest.

得享所出的土产.

我	之	主	歟
나(아)	~의(지)	여호와(주)	어조사(여)

나의 하나님이여,

我	心	已	定
나(아)	마음(심)	이미(이)	정할(정)

내 마음을 이미 정하였습니다.

我	之	主	歟

我	心	已	定

하나님이여 내 마음을 정하였사오니, (시 108:1)

O God, my heart is steadfast.

*stead·fast [stédfæ̀st, -fəst] a. 정하다, 고정된, (신념 등) 불변의, 부동의.

神阿, 我心坚定;

我	將	唱	詩
나(아)	장차(장)	노래(창)	시(시)

내가 노래하며,

我	將	唱	詩

我	必	歌	頌
나(아)	반드시(필)	노래(가)	기릴(송)

나의 마음을 다하여 찬양할 것입니다.

我	必	歌	頌

내가 노래하며 나의 마음을 다하여 찬양하리로다. (시 108:1)

I will sing, I will sing praises, even with my soul.

我口荣耀, 要唱诗歌颂!

主	之	恩	慈
여호와(주)	~의(지)	은혜(은)	사랑(자)

주의 은혜와 사랑은

主	之	恩	慈

高	於	穹	蒼
높을(고)	~에(어)	하늘(궁)	푸를(창)

하늘보다 높으시며,

高	於	穹	蒼

주의 은혜와 사랑은 하늘보다 높으시며, (시 108:4)

For your loving-kindness is great above the heavens,

你的慈爱, 大过诸天;

主	之	誠	實
여호와(주)	~의(지)	정성(성)	열매(실)

주의 성실하심은

及	於	雲	霄
미칠(급)	~에(어)	구름(운)	하늘(소)

구름까지 이릅니다.

主	之	誠	實

及	於	雲	霄

주의 성실하심은 구름에까지 이르나이다. (시 108:4)

Your truth reaches to the skies.

你的诚实, 达到穹苍.

繞	我	怨	言
두를(요)	나(아)	미울(원)	말씀(언)

미워하는 말로 나를 두르고,

繞	我	怨	言

無	故	攻	擊
없을(무)	연고(고)	칠(공)	칠(격)

무고히 나를 공격하였습니다.

無	故	攻	擊

미워하는 말로 나를 두르고 무고히 나를 공격하였나이다. (시 109:3)

With words of hatred they surround me, they attack me without cause.

*ha · tred [héitrid] n. 미워함, 증오, 원한, 혐오.

他们围绕我, 说怨恨的话, 又无故地攻打我.

以	惡	報	善
써(이)	악할(악)	갚을(보)	착할(선)

(저희가) **악으로 선을 갚으며,**

以	惡	報	愛
써(이)	미울(오)	갚을(보)	사랑(애)

미워함으로 사랑을 갚았습니다.

以	惡	報	善

以	惡	報	愛

저희가 악으로 선을 갚으며 미워함으로 사랑을 갚았도다. (시 109:5)

*惡(악, 오); 악하다(악), 나쁘다(악), 추하다(악), 미워하다(오), 헐뜯다(오), 부끄러워하다(오).

They repay me evil for good and hatred for my love.

他们向我以恶报善, 以恨报爱.

受	審	判	時
받을(수)	살필(심)	판단할(판)	때(시)

(그가) **재판을 받을 때,**

受	審	判	時

願	定	爲	罪
원할(원)	정할(정)	할(위)	허물(죄)

유죄 판결을 받게 하십시오.

願	定	爲	罪

(그가) 재판을 받을 때에, 유죄 판결을 받게 하소서. (시 109:7)

When he is judged, let him come forth guilty.

他受审判的时候, 愿他出来担当罪名!

慈	愛	甚	美
사랑(자)	사랑(애)	심할(심)	아름다울(미)

(주님의) **사랑은 그지없으시니,**

求	主	拯	我
구할(구)	여호와(주)	건질(증)	나(아)

나를 건져 주십시오.

慈	愛	甚	美

求	主	拯	我

(주님의) 사랑은 그지없으시니, 나를 건져 주소서. (시 109:21)

Your loving kindness is good, deliver me.

因你的慈爱美好, 求你搭救我!

因	我	貧	窮
인할(인)	나(아)	가난할(빈)	궁할(궁)

나는 가난하고 궁색하며,

心	中	憂	傷
마음(심)	가운데(중)	근심(우)	다칠(상)

마음에 상처를 입었습니다.

因	我	貧	窮

心	中	憂	傷

나는 가난하고 궁색하며 마음에 상처를 입었나이다. (시 109:22)

For I am poor and needy, and my heart is wounded within me.

因为我困苦穷乏, 内心受伤.

我	壽	將	盡
나(아)	목숨(수)	장차(장)	다할(진)

나의 목숨이 다하여 사라짐은,

我	壽	將	盡

如	日	影	沉
같을(여)	해(일)	그림자(영)	잠길(침)

석양에 잠기는 그림자와 같다.

如	日	影	沉

나는 석양에 잠기는 그림자처럼 사라져가나이다. (시 109:23)

I fade away like an evening shadow.

我如日影漸漸偏斜而去;

我	因	禁	食
나(아)	인할(인)	금할(금)	먹을(식)

내가 금식하다가

我	因	禁	食

膝	骨	疲	軟
무릎(슬)	뼈(골)	피곤할(피)	연할(연)

무릎이 쇠약해졌고,

膝	骨	疲	軟

내가 금식하다가 무릎이 쇠약해졌고, (시 109:24)

My knees are weak from fasting,

我因禁食, 膝骨软弱;

身	軀	消	瘦
몸(신)	몸(구)	쇠할(소)	여윌(수)

(내) 몸은 여위고

不	能	强	壯
아닐(불)	능할(능)	강할(강)	장할(장)

수척해졌습니다.

身	軀	消	瘦

不	能	强	壯

(내) 몸은 여위고 수척해졌나이다. (시 109:24)

My body is thin and gaunt.

*gaunt [gɔːnt] a. 수척한, 몹시 여윈, 눈이 퀭한.

我身上的肉也渐渐瘦了.

任	彼	呪	詛
멋대로(임)	저(피)	빌(주)	저주할(저)

저희는 멋대로 저주하여도

願	主	賜	福
원할(원)	여호와(주)	줄(사)	복(복)

주는 내게 복을 주십시오.

任	彼	呪	詛

願	主	賜	福

저희는 멋대로 저주하여도 주는 내게 복을 주소서. (시 109:28)

*任(임): 맡기다, 멋대로, 마음대로, 맡다, 책무, 맡은 일.

They may curse, but you will bless.

任凭他们咒骂。惟愿你赐福;

凡	彼	興	起
무릇(범)	그(피)	일어날(흥)	일어날(기)

무릇 저희는 일어날 때,

凡	彼	興	起

必	受	羞	辱
반드시(필)	받을(수)	부끄럼(수)	욕될(욕)

수치를 당할 것이다.

必	受	羞	辱

무릇 저희는 일어날 때에 수치를 당하리라. (시 109:28)

When they arise, they shall be ashamed.

他们几时起来就必蒙羞,

主	之	僕	人
여호와(주)	~의(지)	종(복)	사람(인)

주의 종은

必	得	喜	歡
반드시(필)	얻을(득)	기쁠(희)	기쁠(환)

필히 즐거움을 얻을 것이다.

主	之	僕	人

必	得	喜	歡

주의 종은 즐거워 하리이다. (시 109:28)

Your servant shall be glad.

你的仆人却要欢喜.

主	之	作	爲
여호와(주)	~의(지)	지을(작)	할(위)

여호와께서 행하시는 일들은

極	其	廣	大
극진할(극)	그(기)	넓을(광)	큰(대)

지극히 크고 광대합니다.

主	之	作	爲

極	其	廣	大

여호와께서 행하시는 일들은 지극히 크시옵니다. (시 111:2)

Great are the works of the Lord.

耶和华的作为本为大;

凡	樂	之	者
무릇(범)	즐길(락)	~의(지)	사람(자)

그 기뻐하는 사람들이

凡	樂	之	者

皆	必	考	察
다(개)	반드시(필)	생각할(고)	살필(찰)

모두가 깊이 고찰합니다.

皆	必	考	察

그 기뻐하는 사람들이 모두가 깊이 고찰하는구나. (시 111:2)
They are studied by all who delight in them.
凡喜爱的都必考察.

主	行	奇	事
여호와(주)	행할(행)	기이할(기)	일(사)

여호와께서 행하신 기사를

主	行	奇	事

令	人	記	憶
하여금(령)	사람(인)	기록할(기)	생각할(억)

사람들이 기억하게 하였다.

令	人	記	憶

여호와께서 행하신 기사를 사람들이 기억하였나이다. (시 111:4)

He has made his wonders to be remembered.

他行了奇事, 使人记念;

敬	畏	上	帝
공경(경)	두려울(외)	하늘(상)	임금(제)

여호와를 경외함이

敬	畏	上	帝

智	慧	之	端
지혜(지)	지혜(혜)	~의(지)	시초(단)

지혜의 시작이다.

智	慧	之	端

여호와를 경외함이 지혜의 시작이라, (시 111:10)

The fear of the Lord is the beginning of wisdom,

敬畏耶和华是智慧得开端;

遵	行	命	者
좇을(준)	행할(행)	계명(명)	사람(자)

(그의) 계명을 준행하는 자는

遵	行	命	者

便	聰	明	人
곧(변)	총명할(총)	밝을(명)	사람(인)

곧 훌륭한 지각이 있는 자니,

便	聰	明	人

(그의) 계명을 준행하는 자는 다 훌륭한 지각을 가진 자니, (시 111:10)

*命(명): 목숨, 생명, 명령, 언약, 천명, 계명, 가르침, 도, 이름을 짓다.

A good understanding have all those who do his commandments,

凡遵行, 他命令的, 便是聰明人.

主	受	讚	美
여호와(주)	받을(수)	찬양할(찬)	아름다울(미)

여호와를 찬미함이

至	於	永	遠
이를(지)	~에(어)	길(영)	멀(원)

영원할 것이다.

主	受	讚	美

至	於	永	遠

여호와를 찬미함이 영원하리로다. (시 111:10)

His praise endures forever.

耶和华是永远当赞美的!

正	直	人	是
바를(정)	곧을(직)	사람(인)	이(시)

정직한 자는

正	直	人	是

在	幽	暗	中
있을(재)	어두울(유)	어두울(암)	가운데(중)

흑암 가운데 있어도,

在	幽	暗	中

정직한 자는 흑암 가운데 있어도, (시 112:4)
Even in darkness light dawns for the upright.
正直人在黑暗中,

光	明	普	照
빛(광)	밝을(명)	넓을(보)	비칠(조)

빛이 일어나니,

光	明	普	照

彼	發	仁	慈
그(피)	필(발)	어질(인)	사랑(자)

그는 자비와 긍휼을 펼친다.

彼	發	仁	慈

빛이 일어나니 그는 자비와 긍휼을 펼치도다. (시 112:4)

Light arises in gracious and compassionate and righteous.

有光向他发现; 他有恩惠, 有怜悯.

因	倚	賴	主
인할(인)	의지할(의)	의뢰할(뢰)	여호와(주)

여호와를 의뢰하고

因	倚	賴	主

心	中	堅	固
마음(심)	가운데(중)	굳을(견)	굳을(고)

그의 마음을 굳게 정하였다.

心	中	堅	固

여호와를 의뢰하고 그의 마음을 굳게 정하였도다. (시 112:7)

His heart is steadfast, trusting in the Lord.

*stead · fast [stédfæ̀st, -fəst] α. 확고부동한, 고정된, 불변의, 부동의.

倚靠耶和华, 他心坚定.

心	中	安	定
마음(심)	가운데(중)	편안(안)	정할(정)

(그의) **마음이 안정하여**

心	中	安	定

無	所	恐	懼
없을(무)	바(소)	두려울(공)	두려울(구)

두려워하지 아니할 것이다.

無	所	恐	懼

(그의) 마음이 안정하여 두려워하지 아니할 것이라. (시 112:8)

His heart is upheld, he will not fear.

*up · hold [ʌphóuld] vt. (p., pp. –held [–héld]) 확정되어, 안정되어, 확인하다, 확정하다.

他心确定, 总不惧怕,

施	捨	錢	財
베풀(시)	베풀(사)	돈(전)	재물(재)

(그가) **재물을 베풀어**

賙	濟	貧	乏
나눌(주)	구제(제)	가난할(빈)	모자랄(핍)

빈궁한 자들에게 나누어 주었다.

施	捨	錢	財

賙	濟	貧	乏

그가 재물을 베풀어 빈궁한 자들에게 나누어 주었도다. (시 112:9)

He has scattered abroad his gifts to the poor.

他施舍钱财, 周济贫穷;

永	稱	爲	義
길(영)	일컬을(칭)	할(위)	옳을(의)

의로운 행실을 영원히 칭송하며

永	稱	爲	義

昻	首	尊	榮
높일(앙)	먼저(수)	우러러볼(존)	영화(영)

(그) 영광스러움을 높이리라.

昻	首	尊	榮

의로운 행실은 영원히 칭송하며, (그) 영광스러움을 높이리라. (시 112:9)

*首(수): 머리, 으뜸, 먼저, 임금, 시작하다, 마리. *尊(존): 높다, 우러러보다, 공경하다, 높은 사람, 따르다.

His righteousness endures forever, will be lifted high in honor.

他的仁义存到永远, 他的角必被高举, 大有荣耀.

惡	人	見	之
악할(악)	사람(인)	볼(견)	이것(지)

악인은 이것을 보고

卽	發	震	怒
곧(즉)	필(발)	우레(진)	성낼(노)

분노를 나타낼 것이다.

惡	人	見	之

卽	發	震	怒

악인은 이것을 보고 분노를 나타내도다. (시 112:10)

The wicked will see it and be vexed.

*vex [veks] vt. 짜증나게 하다, 화나게 하다, 분노하다 vexed [-t] a. 분노하는, 성난.

恶人看见便恼恨.

惡	人	之	欲
악할(악)	사람(인)	~의(지)	욕망(욕)

악인의 욕망은

惡	人	之	欲

當	歸	滅	絶
마땅(당)	돌아갈(귀)	멸망할(멸)	끊을(절)

헛되이 꺾일 것이다.

當	歸	滅	絶

악인의 욕망은 헛되이 꺾일 것이라. (시 112:10)

*欲(욕): 하고자 하다, 욕망, 욕심, 장차 ~하려 하다, 좋아하다, 사랑하다, 희구.

The desire of the wicked will perish.

恶人的心愿, 要归灭绝.

阿	勒	盧	亞
언덕(아)	굴레(륵)	성씨(로)	버금(아)

할렐루야,

阿	勒	盧	亞

主	之	僕	人
여호와(주)	~의(지)	종(복)	사람(인)

여호와의 종들아.

主	之	僕	人

할렐루야, 여호와의 종들아. (시 113:1)

Praise the Lord, O servants of the Lord.

你们要赞美耶和华! 耶和华的仆人哪,

爾	當	頌	主
너(이)	마땅히(당)	칭송(송)	여호와(주)

너희들은 여호와를 찬양하라,

爾	當	頌	主

讚	美	主	名
찬양할(찬)	아름다울(미)	여호와(주)	이름(명)

주님의 이름을 찬미하라.

讚	美	主	名

찬양하라, 주님의 이름을 찬미하여라. (시 113:1)

Praise the name of the Lord.

你们要赞美, 赞美耶和华的名!

自	日	出	地
부터(자)	해(일)	날(출)	땅(지)

해 돋는 데서부터

自	日	出	地

至	日	沒	處
이를(지)	해(일)	빠질(몰)	곳(처)

해 지는 데까지,

至	日	沒	處

해 돋는 데에서부터 해 지는 데에까지, (시 113:3)

From the rising of the sun to its setting.

从日出之地, 到日落之处,

主	之	榮	耀
여호와(주)	~의(지)	영화(영)	빛날(요)

주의 영광은

高	過	諸	天
높을(고)	초월할(과)	모든(제)	하늘(천)

하늘보다 높으십니다.

主	之	榮	耀

高	過	諸	天

주의 영광은 하늘보다 높으시도다. (시 113:4)

His glory is above the heavens.

他的荣耀高过诸天.

列	國	皆	之
여러(열)	나라(국)	다(개)	그(지)

모든 나라들아,

當	頌	揚	主
마땅(당)	칭송(송)	날릴(양)	여호와(주)

여호와를 찬양하라.

列	國	皆	之

當	頌	揚	主

모든 나라들아 여호와를 찬양할지어다. (시 117:1)

*列(열): 벌이다, 여러, 늘어서다, 순서를 매기다, 진열하다, 차례, 반열, 석차, 행렬.

Praise the Lord, all nations.

万国阿, 你们都当赞美耶和华!

萬	民	皆	之
일만(만)	백성(민)	다(개)	그(지)

모든 백성들아,

萬	民	皆	之

當	頌	讚	主
마땅(당)	기릴(송)	찬양할(찬)	여호와(주)

여호와를 찬송하라.

當	頌	讚	主

모든 백성들아 그를 찬송할지어다. (시 117:1)

Laud him, all peoples.

万民哪, 你们都当颂赞主!

主	向	我	儕
여호와(주)	향할(향)	나(아)	무리(제)

우리를 향하신 여호와의

大	施	慈	愛
큰(대)	베풀(시)	사랑할(자)	사랑(애)

인자하심이 크시고,

主	向	我	儕

大	施	慈	愛

우리에게 향하신 여호와의 인자하심이 크시고, (시 117:2)
For his loving-kindness is great toward us,
因为他向我们大施慈爱;

主	之	誠	實
여호와(주)	~의(지)	정성(성)	열매(실)

여호와의 진실하심이

永	遠	長	存
영원(영)	멀(원)	길(장)	있을(존)

영원합니다.

主	之	誠	實

永	遠	長	存

여호와의 진실하심이 영원함이로다. (시 117:2)

And the truth of the Lord is everlasting.

耶和华的诚实存到永远.

當	稱	謝	主
마땅(당)	일컬을(칭)	사례할(사)	여호와(주)

여호와께 감사하라.

當	稱	謝	主

因	主	至	善
인할(인)	여호와(주)	이를(지)	착할(선)

저는 선하시며,

因	主	至	善

여호와께 감사하라 그는 선하시며, (시 118:1)

Give thanks to the Lord, for he is good,

你们要称谢耶和华, 因他本为善;

主	之	慈	愛
여호와(주)	~의(지)	사랑할(자)	사랑(애)

그의 인자하심이

永	遠	長	存
길(영)	멀(원)	길(장)	있을(존)

영원함이로다.

主	之	慈	愛

永	遠	長	存

그의 인자하심이 영원함이로다. (시 118:1)

For his loving-kindness is everlasting.

他的慈爱永远长存!

難	時	籲	主
어려울(난)	때(시)	부를(유)	여호와(주)

고통 중에 여호와께 부르짖었더니

難	時	籲	主

主	應	允	我
여호와(주)	응할(응)	허락할(윤)	나(아)

여호와께서 응답하시고,

主	應	允	我

고통 중에 여호와께 부르짖었더니 여호와께서 응답하시고, (시 118:5)
In my anguish I cried to the Lord and he answered me,
我在急难中求告耶和华, 他就应允我,

使	我	安	立
시킬(사)	나(아)	편안(안)	세울(립)

나를 안전하게 세우시고,

至	闊	之	地
이를(지)	넓을(활)	~의(지)	땅(지)

광활한 곳에 이르게 하셨습니다.

使	我	安	立

至	闊	之	地

나를 안전하게 세우시고 광활한 곳에 이르게 하셨도다. (시 118:5)

And set me in a large place.

把我安置在宽阔之地.

匠	人	棄	石
장인(장)	사람(인)	버릴(기)	돌(석)

건축자의 버린 돌이

匠	人	棄	石

屋	隅	首	石
집(옥)	모퉁이(우)	머리(수)	돌(석)

집 모퉁이의 머릿돌이 되었다.

屋	隅	首	石

건축자의 버린 돌이 집 모퉁이의 머릿돌이 되었도다. (시 118:22)

The stone which the builders rejected has become the chief corner stone.

匠人所弃的石头, 已成了房角的头块石头.

主	做	之	事
여호와(주)	만들(주)	~의(지)	일(사)

(이는) **여호와의 만드신 것이요,**

奇	異	於	目
기이할(기)	다를(이)	~에(어)	눈(목)

(우리) **눈에 기이한 것이다.**

主	做	之	事

奇	異	於	目

(이는) 여호와의 만드신 것이요 (우리) 눈에 기이한 바로다. (시 118:23)

This is the Lord's doing, it is marvelous in our eyes.

这是耶和华所做的, 在我们眼中看为希奇.

守	主	法	度
지킬(수)	여호와(주)	법(법)	법도(도)

人	便	有	福
사람(인)	곧(변)	있을(유)	복(복)

여호와의 법도를 지키는 **사람은 곧 복이 있다.**

守	主	法	度

人	便	有	福

여호와의 법도를 지키는 자는 곧 복이 있도다. (시 119:2)

*便(변, 편): 문득, 곧, 똥오줌, 편하다(편), 익히다(편).

How blessed are those who observe his commands.

遵守他的法度, 这人便为有福!

人	不	作	惡
사람(인)	아닐(부)	지을(작)	악할(악)

그들은 불의를 행하지 아니하고

遵	行	主	道
좇을(준)	행할(행)	여호와(주)	길(도)

주의 도를 준행한다.

人	不	作	惡

遵	行	主	道

그들은 불의를 행하지 아니하고 주의 도를 준행하도다. (시 119:3)

*惡(악): 악, 불의, 잘못, 바르지 아니한 일, 더러움, 악인, 나쁜 사람, 미워하다(오), 헐뜯다(오).

They also do no unrighteousness, they walk in Lord´s ways.

这人不做非义的事,但遵行他的道.

青	少	年	乃
푸를(청)	적을(소)	해(년)	곧(내)

청년이

何	潔	品	行
무엇(하)	깨끗할(결)	품위(품)	행할(행)

무엇으로 그 행실을 깨끗하게 할까?

青	少	年	乃

何	潔	品	行

청년이 무엇으로 그 행실을 깨끗하게 하리이까. (시 119:9)

How can a young man keep his way pure?

少年人用什么洁净他的行为呢?

總	須	自	守
모두(총)	따를(수)	스스로(자)	지킬(수)

모두가 따르며 스스로 지키고,

總	須	自	守

遵	依	主	言
좇을(준)	의지할(의)	여호와(주)	말씀(언)

주의 말씀을 의지하며 좇는 길뿐이다.

遵	依	主	言

주의 말씀을 따라 지키며 좇는 길뿐이도다. (시 119:9)
By keeping it according to Lord's word.
是要遵行主的话!

我	之	生	命
나(아)	~의(지)	살(생)	목숨(명)

내 영혼이

我	之	生	命

幾	歸	塵	土
거의(기)	돌아갈(귀)	티끌(진)	흙(토)

진토에 붙었습니다.

幾	歸	塵	土

내 영혼이 진토에 붙었사오니, (시 119:25)
My soul cleaves to the dust,
我的性命几乎归于尘土;

依	主	之	言
의지할(의)	여호와(주)	~의(지)	말씀(언)

주의 말씀을 의지하오니,

使	我	蘇	醒
하여금(사)	나(아)	소생(소)	깰(성)

나를 살아나게 하십시오.

依	主	之	言

使	我	蘇	醒

주의 말씀대로 나를 살아나게 하소서. (시 119:25)

Revive me according to your word.

求你照你的话, 将我救活!

我	遭	苦	難
나(아)	만날(조)	쓸(고)	어려울(난)

고난당한 것이

於	我	有	益
~에(어)	나(아)	있을(유)	더할(익)

내게 유익합니다.

我	遭	苦	難

於	我	有	益

고난당한 것이 내게 유익이라. (시 119:71)

It is good for me that I was afflicted.

*af·flict [əflíkt] vt. 고난당하다, 괴롭히다, 괴로워하다.

我受苦是与我有益,

主	之	慈	愛
여호와(주)	~의(지)	사랑(자)	사랑(애)

주의 자애로우심이

臨	及	我	身
임할(임)	미칠(급)	나(아)	몸(신)

내게 임하셨으며,

主	之	慈	愛

臨	及	我	身

주의 자애로우심이 내게 임하셨으며, (시 119:77)

May your compassion come to me,

愿你的慈愛临到我,

主	之	律	法
여호와(주)	~의(지)	법칙(률)	법(법)

주의 율법은

我	所	喜	悅
나(아)	것(소)	기쁠(희)	기쁠(열)

나를 즐겁게 하는 것이다.

主	之	律	法

我	所	喜	悅

주의 율법은 나를 즐겁게 하는 것이로다. (시 119:77)

*所(소): 바, 것, 곳, 처소, 지위, 장소, 경우, 얼마, 쯤, 정도, 만일.

For Lord's law is my delight.

因主的律法是我所喜爱的.

主	之	誡	命
여호와(주)	~의(지)	경계할(계)	목숨(명)

盡	皆	誠	實
다할(진)	다(개)	정성(성)	열매(실)

주의 (모든) 계명들은 **다 신실합니다.**

主	之	誡	命

盡	皆	誠	實

주의 (모든) 계명들은 신실하시오니, (시 119:86)

All Lord's commandments are faithful,

主的命令尽都诚实;

無	故	逼	我
없을(무)	이유(고)	핍박할(핍)	나(아)

이유 없이 나를 핍박하오니,

無	故	逼	我

求	主	幇	助
구할(구)	여호와(주)	도울(방)	도울(조)

여호와께 구하오니 (나를) 도와주십시오.

求	主	幇	助

이유 없이 나를 핍박하오니 (나를) 도우소서. (시 119:86)
They have persecuted me with a lie, help me.
他们无理地逼迫我, 求你帮助我!

主	之	誠	實
여호와(주)	~의(지)	정성(성)	열매(실)

주의 성실하심은

主	之	誠	實

永	世	無	窮
길(영)	인간(세)	없을(무)	궁할(궁)

대대에 이릅니다.

永	世	無	窮

주의 성실하심은 대대에 이르나이다. (시 119:90)

Your faithfulness continues throughout all generations.

你的诚实存到万代;

主	一	建	地
여호와(주)	한(일)	세울(건)	땅(지)

주께서 땅을 세우셨으므로

主	一	建	地

地	遂	穩	立
땅(지)	이를(수)	안정될(온)	설(립)

땅이 항상 있습니다.

地	遂	穩	立

주께서 땅을 세우셨으므로 땅이 항상 있사옵니다. (시 119:90)
You established the earth, and it stands.
你坚定了地, 地就长存.

我	敬	畏	主
나(아)	공경(경)	두려울(외)	여호와(주)

나는 여호와를 두려워하여

我	敬	畏	主

身	甚	戰	兢
몸(신)	심할(심)	싸움(전)	떨릴(긍)

내 육체는 심히 떨며,

身	甚	戰	兢

내 육체가 주를 두려워함으로 떨며, (시 119:120)

My flesh trembles for fear of you.

我因惧怕你, 肉就发抖;

主	之	判	斷
여호와(주)	~의(지)	판단할(판)	끊을(단)

주의 심판을

主	之	判	斷

我	甚	恐	懼
나(아)	심할(심)	두려울(공)	두려울(구)

나는 심히 두려워합니다.

我	甚	恐	懼

주의 심판을 두려워하나이다. (시 119:120)

I am afraid of Lord's judgments.

我也怕主的判语.

我	必	向	山
나(아)	반드시(필)	향할(향)	뫼(산)

내가 산을 향하여

我	必	向	山

擧	目	觀	望
들(거)	눈(목)	볼(관)	바랄(망)

눈을 들리라.

擧	目	觀	望

내가 산을 향하여 눈을 들리라. (시 121:1)

I will lift up my eyes to the hills.

我要向山举目;

我	之	救	濟
나(아)	~의(지)	도움(구)	도움(제)

나의 도움이

自	何	而	來
부터(자)	어디(하)	그리고(이)	올(래)

어디서 올까.

我	之	救	濟

自	何	而	來

나의 도움이 어디서 올까. (시 121:1)

*救(구): 구원하다, 도움, 고치다. *濟(제): 건너다, 돕다, 도움이 되다, 구제하다.

Where does my help come from?

我的帮助从何而来?

自	造	天	地
부터(자)	지을(조)	하늘(천)	땅(지)

천지를 지으신

上	帝	而	來
위(상)	황제(제)	그리고(이)	올(래)

여호와에게서로다.

自	造	天	地

上	帝	而	來

천지를 지으신 여호와에게서로다. (시 121:2)

Come from the Lord, who made heaven and earth.

从造天地的耶和华而来.

保	護	爾	者
지킬(보)	보호할(호)	너(이)	사람(자)

너를 지키시는 이는

保	護	爾	者

必	不	寢	寐
반드시(필)	아닐(불)	잠잘(침)	잠잘(매)

졸지 아니하신다.

必	不	寢	寐

너를 지키시는 이는 졸지 아니하시리로다. (시 121:3)

He who keeps you will not slumber.

*slum · ber [slʌ́mbər] n. 잠, 선잠, 겉잠, v. 잠들어 버리다.

保护你的必不打盹!

主	保	護	爾
여호와(주)	지킬(보)	보호할(호)	너(이)

여호와께서 너를 지켜

主	保	護	爾

免	遇	災	禍
면할(면)	만날(우)	재앙(재)	재화(화)

모든 환난을 면하게 하신다.

免	遇	災	禍

여호와께서 너를 지켜 모든 환난을 면하게 하시리로다. (시 121:7)

The Lord will protect you from all evil.

耶和华要保护你, 免受一切的灾害;

爾	之	出	入
너(이)	~의(지)	날(출)	들(입)

主	必	保	護
여호와(주)	반드시(필)	지킬(보)	보호할(호)

너의 출입을 **여호와께서 지켜주신다.**

爾	之	出	入

主	必	保	護

여호와께서 너의 출입을 지키시리로다. (시 121:8)
The Lord will watch over your coming and going.
你出你入, 耶和华要保护你,

人	向	我	云
사람(인)	향할(향)	나(아)	이를(운)

사람이 내게 말하기를,

人	向	我	云

趨	赴	主	殿
달릴(추)	나갈(부)	여호와(주)	전각(전)

여호와의 집에 올라가자.

趨	赴	主	殿

사람이 내게 말하기를 여호와의 집에 올라가자. (시 122:1)
They said to me, let us go to the house of the Lord.
人对我说, 我们往耶和华的殿去,

耶	路	撒	冷
예수(야)	길(로)	뿌릴(살)	찰(랭)

예루살렘아,

連	絡	整	齊
잇닿을(련)	이을(락)	가지런할(정)	가지런할(제)

너는 잘 짜여졌구나.

耶	路	撒	冷

連	絡	整	齊

예루살렘아 너는 잘 짜여졌구나. (시 122:3)
Jerusalem, that is compact together.
耶路撒冷(被建造), 如同连络整齐的一座城.

若	非	上	帝
만일(약)	아닐(비)	하늘(상)	임금(제)

만일 하나님이 아니시면,

若	非	上	帝

建	造	房	室
세울(건)	지을(조)	방(방)	집(실)

집을 세우는 것은

建	造	房	室

여호와께서 집을 세우지 아니하시면, (시 127:1)

Unless the Lord builds the house,

若不是耶和华建造房屋,

匠	人	勞	苦
장인(장)	사람(인)	일할(로)	쓸(고)

장인의 수고가

亦	屬	枉	然
또(역)	속할(속)	헛될(왕)	그럴(연)

헛될 것이며,

匠	人	勞	苦

亦	屬	枉	然

세우는 자의 수고가 헛되며, (시 127:1)
They labor in vain who build it,
建造的人就枉然劳力;

若	非	上	帝
만일(약)	아닐(비)	하늘(상)	임금(제)

만일 하나님이

若	非	上	帝

保	護	城	池
지킬(보)	보호할(호)	성(성)	못(지)

성을 지키지(아니하시면)

保	護	城	池

여호와께서 성을 지키지 아니하시면, (시 127:1)

Unless the Lord guards the city,

若不是耶和华看守城池,

守	者	警	醒
지킬(수)	사람(자)	살필(경)	깰(성)

파수꾼의 깨어 있음이

亦	爲	無	益
또(역)	할(위)	없을(무)	더할(익)

헛되도다.

守	者	警	醒

亦	爲	無	益

파수꾼의 깨어 있음이 헛되도다. (시 127:1)

The watchman keeps awake in vain.

看守的人就枉然警醒.

早	起	遲	眠
이를(조)	일어날(기)	더딜(지)	잘(면)

일찍이 일어나고 늦게 누우며,

早	起	遲	眠

辛	苦	求	食
고생(신)	쓸(고)	구할(구)	먹을(식)

수고의 떡을 먹음이다.

辛	苦	求	食

일찍이 일어나고 늦게 누우며 수고의 떡을 먹음이라. (시 127:2)
To rise up early, to bed late, to eat the bread of painful labors.
你们清晨早起, 夜晚安歇, 吃劳碌得来的饭,

惟	主	愛	者
오직(유)	여호와(주)	사랑(애)	사람(자)

安	然	寢	寐
편안(안)	그럴(연)	잘(침)	잘(매)

여호와께서 사랑하시는 자에게는 **편안한 잠을 주신다.**

惟	主	愛	者

安	然	寢	寐

여호와께서 그의 사랑하시는 자에게는 잠을 주시는도다. (시 127:2)

*惟(유): 생각하다, 오직, 이(어조사), ~으로써, ~와.

God gives to his beloved even in his sleep.

惟有耶和华所亲爱的, 必叫他安然睡觉.

爾	妻	在	室
너(이)	아내(처)	있을(재)	집(실)

집 안방에 있는 네 아내는

爾	妻	在	室

如	果	之	葡
같을(여)	실과(과)	~의(지)	포도(포)

결실한 포도나무 같다.

如	果	之	葡

집 안방에 있는 네 아내는 결실한 포도나무 같구나. (시 128:3)
Your wife shall be like a fruitful vine within your house.
你妻子在你的内室, 好像多结果子的葡萄树;

爾	之	子	女
너(이)	~의(지)	아들(자)	딸(녀)

너의 자식들은

如	油	果	樹
같을(여)	기름(유)	실과(과)	나무(수)

감람나무 같도다.

爾	之	子	女

如	油	果	樹

너의 자식들은 어린 감람나무 같으리로다. (시 128:3)

Your children like olive plants.

你儿女好像橄榄栽子.

阿	勒	盧	亞
언덕(아)	굴레(륵)	성씨(로)	버금(아)

할렐루야,

阿	勒	盧	亞

頌	揚	主	名
칭송할(송)	날릴(양)	여호와(주)	이름(명)

여호와의 이름을 찬송하라,

頌	揚	主	名

할렐루야 여호와의 이름을 찬송하라, (시 135:1)
Praise the Lord! Praise the name of the Lord,
你们要赞美耶和华! 你们要赞美耶和华的名!

主	之	衆	僕
여호와(주)	~의(지)	무리(중)	종(복)

여호와의 종들아,

主	之	衆	僕

皆	當	頌	揚
다(개)	마땅(당)	칭송할(송)	날릴(양)

모두 다 찬송하라.

皆	當	頌	揚

여호와의 종들아 모두 다 찬송하라. (시 135:1)

Praise him, O servants of the Lord.

耶和华的仆人, 你们要赞美他!

上	帝	之	名
하늘(상)	임금(제)	~의(지)	이름(명)

주의 이름이

上	帝	之	名

永	遠	常	存
길(영)	멀(원)	항상(상)	있을(존)

영원하시니,

永	遠	常	存

주의 이름이 영원하시니, (시 135:13)

Your name, O Lord, is everlasting,

耶和华阿, 你的名存到永远!

人	記	念	主
사람(인)	기록할(기)	생각(념)	여호와(주)

사람들이 주를 기념함이

永	世	無	窮
길(영)	인간(세)	없을(무)	궁할(궁)

대대에 이를 것이다.

人	記	念	主

永	世	無	窮

사람들이 주를 기념함이 대대에 이르리이다. (시 135:13)

Your remembrance, O Lord, throughout all generations.

耶和华阿, 你可记念的名存到万代!

偶	像	金	銀
허수아비(우)	형상(상)	쇠(금)	은(은)

우상은 금과 은이며,

偶	像	金	銀

人	手	所	造
사람(인)	손(수)	바(소)	지을(조)

사람의 손으로 만든 것이다.

人	手	所	造

우상은 금과 은이요 사람의 손으로 만든 것이라. (시 135:15)

*偶(우): 짝, 허수아비, 인형, 배필, 우연, 마침.

The idols of the nations are but silver and gold, the work of man's hands.

偶像是金的, 银的, 是人手所造的;

有	口	不	言
있을(유)	입(구)	아닐(불)	말씀(언)

입이 있어도 말하지 못하며,

有	口	不	言

有	目	不	視
있을(유)	눈(목)	아닐(불)	볼(시)

눈이 있어도 보지 못한다.

有	目	不	視

입이 있어도 말하지 못하며 눈이 있어도 보지 못하도다. (시 135:16)
They have mouths, but they do not speak, they have eyes, but they do not see.
有口却不能言, 有眼却不能看,

有	耳	不	聞
있을(유)	귀(이)	아닐(불)	들을(문)

귀가 있어도 듣지 못하며,

有	耳	不	聞

口	無	呼	吸
입(구)	없을(무)	내쉴(호)	마실(흡)

그들의 입에는 아무 호흡도 없다.

口	無	呼	吸

귀가 있어도 듣지 못하며 그들의 입에는 아무 호흡도 없느니라. (시 135:17)

They have ears, but cannot hear, nor is there any breath at all in their mouths.

有耳却不能听, 口中也没有气息.

以	色	列	家
써(이)	빛(색)	여러(렬)	집(가)

이스라엘 족속아,

以	色	列	家

當	讚	美	主
마땅(당)	찬양할(찬)	아름다울(미)	여호와(주)

여호와를 찬미하라.

當	讚	美	主

이스라엘 족속아 여호와를 찬미하라. (시 135:19)

O house of Israel, bless the Lord.

以色列家阿, 你们要称颂耶和华!

亦	亞	倫	家
또(역)	버금(아)	인륜(륜)	집(가)

아론의 족속아,

亦	亞	倫	家

當	讚	美	主
마땅(당)	찬양할(찬)	아름다울(미)	여호와(주)

여호와를 찬미하라.

當	讚	美	主

아론의 족속아 여호와를 찬미하라. (시135:19)

O house of Aaron, praise the Lord.

亚伦家阿, 你们要称颂耶和华!

利	未	之	家
이로울(리)	아닐(미)	~의(지)	집(가)

레위 족속아,

利	未	之	家

當	讚	美	主
마땅(당)	기릴(찬)	아름다울(미)	여호와(주)

여호와를 찬미하라.

當	讚	美	主

레위 족속아 여호와를 찬미하라. (시 135:20)

O house of Levi, praise the Lord.

利未家阿, 你们要称颂耶和华!

當	稱	謝	主
마땅(당)	일컬을(칭)	사례할(사)	여호와(주)

여호와께 감사하라.

因	主	至	善
인할(인)	여호와(주)	이를(지)	착할(선)

그는 선하시고,

當	稱	謝	主

因	主	至	善

여호와께 감사하라. 그는 선하시고,(시 136:1)

Give thanks to the LORD, for he is good.

你们要称谢耶和华, 因他本为善;

主	之	慈	愛
여호와(주)	~의(지)	사랑(자)	사랑(애)

주의 인자하심이

永	遠	長	存
길(영)	멀(원)	길(장)	있을(존)

영원함이로다.

主	之	慈	愛

永	遠	長	存

주의 사랑은 영원하시도다. (시 136:1)

His love endures forever.

他的慈爱永远长存.

爾	當	稱	謝
너(이)	마당(당)	일컬을(칭)	사례할(사)

너는 감사하라.

爾	當	稱	謝

萬	神	之	主
일만(만)	신령(신)	~의(주)	여호와(주)

모든 신 가운데 (가장 크신) 여호와께.

萬	神	之	主

너는 여호와께 감사하라. (시 136:2)

*神(신): 귀신, 신령, 정신, 혼, 마음, 덕이 높은 사람, 초상, 영묘하다, 신품.

Give thanks to the God of gods.

你们要称谢万神之神,

主	之	恩	慈
여호와(주)	~의(지)	은혜(은)	사랑(자)

주의 인자하심이

永	遠	常	存
길(영)	멀(원)	항상(상)	있을(존)

영원함이로다.

主	之	恩	慈

永	遠	常	存

주의 인자하심이 영원함이로다. (시 136:2)

His love endures forever

因他的慈爱永远长存.

主	行	大	奇
여호와(주)	행할(행)	큰(대)	기이할(기)

智	慧	造	天
지혜(지)	지혜(혜)	지을(조)	하늘(천)

큰 기적을 행하시고

지혜로 하늘을 만드신 (분께),

主	行	大	奇

智	慧	造	天

큰 기적을 행하시고 (시 136:4) 지혜로 하늘을 만드신 (분께) (시 136:5)

*奇(기): 기특하다, 기이하다, 괴상하다, 뛰어나다, 의지하다(의).

To him who alone does great wonders, who by his understanding made the heavens,

(称谢)那独行大奇事的, (称谢)那用智慧造天的.

鋪	地	水	上
펼(포)	땅(지)	물(수)	위(상)

물 위에 땅을 펴 놓으신 분께,

鋪	地	水	上

造	成	大	光
지을(조)	이룰(성)	큰(대)	빛(광)

빛들을 지으신 분께,

造	成	大	光

물 위에 땅을 펴 놓으신 분께 (시 136:6) 큰 빛들을 지으신 분께 (시 136:7)
who spread out the earth upon the waters, who made the great lights
(称谢)那铺地在水以上的, (称谢)那造成大光的,

頭	管	白	晝
머리(두)	주관할(관)	밝을(주)	낮(주)

낮을 다스리신 분,

頭	管	白	晝

當	稱	謝	主
마땅(당)	일컬을(칭)	사례할(사)	여호와(주)

여호와께 감사하여라.

當	稱	謝	主

낮을 다스리신 분께 감사하여라 (시 136:8)

*白(백): 희다, 밝다, 분명하다, 진술하다, 빛나다, 흰 빛.

the sun to govern the day, Give thanks to the LORD.

他造日头管白昼, (你们)要称谢耶和华.

造	月	造	星
지을(조)	달(월)	지을(조)	별(성)

달과 별을 지으시고

造	月	造	星

以	司	黑	夜
써(이)	맡을(사)	검을(흑)	밤(야)

밤을 다스리시는,

以	司	黑	夜

달과 별을 지으시고 밤을 다스리시는(시 136:9)
The moon and stars to govern the night
他造月亮星宿管黑夜,

主	之	恩	慈
여호와(주)	~의(지)	은혜(은)	사랑(자)

永	遠	常	存
길(영)	멀(원)	항상(상)	있을(존)

주의 인자하심이 **영원하도다.**

主	之	恩	慈

永	遠	常	存

주의 인자하심이 영원하도다.(시 136:9)

His love endures forever.

因他的慈爱永远长存.

我	要	一	心
나(아)	구할(요)	한(일)	마음(심)

讚	美	上	帝
기릴(찬)	아름다울(미)	하늘(상)	임금(제)

(주님), 온 마음을 기울여서 **여호와께 감사드립니다.**

我	要	一	心

讚	美	上	帝

(주님), 온 마음을 기울여서 여호와께 감사를 드립니다. (시 138:1)

I will praise you, O LORD, with all my heart.

我要一心称谢耶和华,

在	諸	神	前
있을(재)	모든(제)	신령(신)	앞(전)

모든 신들 앞에서

奏	樂	頌	主
연주할(주)	음악(악)	칭송할(송)	여호와(주)

(내가) **여호와께 찬양을 드리렵니다.**

在	諸	神	前

奏	樂	頌	主

(모든) 신들 앞에서, 내가 여호와께 찬양을 드리렵니다. (시 138:1)

Before the gods, I will sing your praise.

在诸神面前歌颂耶和华.

上	帝	之	殿
하늘(상)	임금(제)	~의(지)	궁궐(전)

(내가) 주님의 성전을 (향하여)

奉	獻	禮	拜
반들(봉)	바칠(헌)	예도(례)	절(배)

예배를 드립니다.

上	帝	之	殿

奉	獻	禮	拜

(내가) 주님의 성전을 (향하여) 예배를 드립니다. (시 138:2)
I will bow down toward your holy temple.
我要向你的圣殿下拜,

主	鑒	察	我
여호와(주)	거울(감)	살필(찰)	나(아)

여호와께서 나를 살펴보셨으므로

以	認	識	我
써(이)	알(인)	알(식)	나(아)

나를 아십니다.

主	鑒	察	我

以	認	識	我

여호와께서 나를 살펴보셨으므로 나를 아시나이다. (시 139:1)

O Lord, you have searched me and known me.

耶和华阿, 你已经鉴察我, 认识我.

我	坐	我	起
나(아)	앉을(좌)	나(아)	일어날(기)

내가 앉아 있거나 서 있거나

主	皆	知	曉
여호와(주)	다(개)	알(지)	새벽(효)

주님께서는 다 아십니다.

我	坐	我	起

主	皆	知	曉

앉아 있거나 서 있거나 주님께서는 다 아십니다. (시 139:2)
You know when I sit down and when I rise up,
我坐下, 我起来, 你都晓得;

主	從	遠	處
여호와(주)	따를(종)	멀(원)	곳(처)

주께서는 멀리서도

知	我	意	念
알(지)	나(아)	뜻(의)	생각(념)

나의 생각을 밝히 아십니다.

主	從	遠	處

知	我	意	念

주께서는 멀리서도 나의 생각을 밝히 아시도다. (시 139:2)

*從(종): 좇다, 부터, 따르다, 방종하다, 일하다, 모이다, 근심하다, 오래다, 세로, 버금.

You understand my thought from afar.

*afar [əfɑ́:r] ad. 멀리, 아득히.

你从远处知道我的意念.

我	行	我	寢
나(아)	길(행)	나(아)	잘(침)

主	皆	詳	察
여호와(주)	다(개)	자세할(상)	살필(찰)

나의 모든 길과 내가 눕는 것을 **살펴보셨습니다.**

我	行	我	寢

主	皆	詳	察

나의 모든 길과 내가 눕는 것을 살펴보셨음이라. (시 139:3)
*行(행): 가다, 길, 도로, 행하다, 다니다, 행실, 일, 돌다, 관찰하다, 대열(항) 순서(항).

You scrutinize my path and my lying down.
*scru · ti · nize [skrú:tənàiz] vt., vi. 자세히 조사하다, 음미하다, 유심히 바라보다.

我行路, 我躺卧, 你都细察;

圖	心	惡	事
꾀할(도)	마음(심)	악할(악)	일(사)

마음속으로 악한 일을 꾀하며,

圖	心	惡	事

每	日	群	聚
매양(매)	날(일)	무리(군)	모을(취)

무리들이 매일 모이는구나.

每	日	群	聚

마음속으로 악한 일을 꾀하며 무리들이 매일 모이는도다. (시 140:2)

Who devise evil things in their hearts, they continually stir up.

他们心中图谋奸恶, 常常聚集要争战.

舌	尖	如	蛇
혀(설)	뾰족할(첨)	같을(여)	뱀(사)

뱀같이 혀를 날카롭게 하니,

虺	蛇	之	毒
독사(훼)	뱀(사)	~의(지)	독(독)

(입술 아래는) **독사의 독이 있습니다.**

舌	尖	如	蛇

虺	蛇	之	毒

뱀같이 혀를 날카롭게 하니 (입술 아래는) 독사의 독이 있나이다. (시 140:3)

They sharpen their tongues as a serpent, poison of a viper is under their lips.

他们使舌头尖利如蛇, 嘴里有虺蛇的毒气.

求	主	護	我
구할(구)	여호와(주)	보호할(호)	나(아)

여호와여 나를 보호하시며,

求	主	護	我

守	惡	人	手
지킬(수)	악할(악)	사람(인)	손(수)

악인들의 손에서 지켜주십시오.

守	惡	人	手

여호와여 나를 보호하사 악인들의 손에서 지켜주소서. (시 140:4)

Keep me, O Lord, from the hands of the wicked.

耶和华阿, 求你拯救我脱离恶人的手,

在	爭	之	日
있을(재)	다툴(쟁)	~의(지)	날(일)

전쟁의 날에

在	爭	之	日

護	庇	我	首
보호할(호)	덮을(비)	나(아)	머리(수)

내 머리를 가려 주셨습니다.

護	庇	我	首

전쟁의 날에 내 머리를 가려 주셨나이다. (시 140:7)
You have covered my head in the day of battle.
在争战的日子, 你遮蔽了我的头.

惡	言	之	人
악할(악)	말씀(언)	~의(지)	사람(인)

악담하는 자는

惡	言	之	人

必	不	存	世
반드시(필)	아닐(부)	있을(존)	인간(세)

세상에서 (굳게) 서지 못한다.

必	不	存	世

악담하는 자는 세상에서 (굳게) 서지 못하며, (시 140:11)

Let not an evil speaker be established in the earth,

说恶言的人, 在地上必坚立不住;

强	横	之	人
강할(강)	사나울(횡)	~의(지)	사람(인)

난폭한 자들에게는

强	横	之	人

禍	必	追	之
재앙(화)	반드시(필)	따를(추)	그들(지)

재앙이 따라다니게 하십시오.

禍	必	追	之

난폭한 자들에게는 재앙이 따라다니게 하소서. (시 140:11)

*横(횡): 가로, 사납다, 뜻밖에, 가로로 놓다, 방자하다, 제멋대로 하다, 거스르다, 방자하다.

Evil shall hunt the violent man to overthrow him.

祸患必猎取强暴的人, 将他打倒.

我	呼	籲	主
나(아)	부를(호)	부를(유)	여호와(주)

내가 여호와를 불렀사오니,

我	呼	籲	主

主	速	來	臨
여호와(주)	빠를(속)	올(래)	임할(림)

여호와여 속히 임하십시오.

主	速	來	臨

내가 여호와를 불렀사오니 속히 내게 임하옵소서. (시 141:1)

I call upon Lord, hasten to me.

耶和华阿, 我曾求告你, 求你快快临到我这里!

謹	守	我	口
경계(근)	지킬(수)	나(아)	입(구)

나의 입에 파수꾼을 세우시고,

謹	愼	啓	脣
삼갈(근)	삼갈(신)	열(계)	입술(순)

입술을 신중하게 열도록 하십시오.

謹	守	我	口

謹	愼	啓	脣

나의 입에 파수꾼을 세우시고 입술을 신중하게 열도록 하소서. (시 141:3)

Set a watch, O Lord, before my mouth, keep the door of my lips.

耶和华阿, 求你禁止我的口, 把守我的嘴!

義	人	打	我
옳을(의)	사람(인)	칠(타)	나(아)

의인이 나를 칠지라도

爲	之	恩	惠
위할(위)	그것(지)	은혜(은)	은혜(혜)

(나는) **은혜로 여깁니다.**

義	人	打	我

爲	之	恩	惠

의인이 나를 칠지라도 은혜로 여기며, (시 141:5)

Let the righteous smite me, it shall be a kindness,

任凭义人击打我, 这算为仁慈;

彼	遭	患	亂
그(피)	만날(조)	근심(환)	어지러울(란)

그들의 재난 중에도

我	常	祈	禱
나(아)	항상(상)	빌(기)	기도할(도)

내가 항상 기도합니다.

彼	遭	患	亂

我	常	祈	禱

그들의 재난 중에도 내가 항상 기도하리로다. (시 141:5)

For still my prayer also shall be in their calamities.

*ca·lam·i·ty [kəlǽməti] n. 재난, 참화, 재화, 불행, 비운.

正在他们灾祸的时候, 我仍要祈祷

世	人	是	誰
인간(세)	사람(인)	이(시)	누구(수)

사람이 무엇이기에

世	人	是	誰

主	竟	垂	念
여호와(주)	마침내(경)	드리울(수)	생각(념)

주께서 그를 알아주시며,

主	竟	垂	念

사람이 무엇이기에 주께서 그를 알아주시며, (시 144:3)

What is man, that you take knowledge of him.

世人算什么, 你竟认识他!

人	子	是	誰
사람(인)	아들(자)	이(시)	누구(수)

인자가 무엇이기에

人	子	是	誰

主	竟	眷	顧
여호와(주)	마침내(경)	돌볼(권)	돌아볼(고)

주께서 돌아보십니까?

主	竟	眷	顧

인자가 누구이기에 주께서 돌아보시나이까. (시 144:3)

Who is the son of man, that you think of him.

人算什么, 你竟顾念他!

願	主	閃	電
원할(원)	여호와(주)	번쩍일(섬)	번개(전)

주께 구하오니 번개를 번쩍이시어,

使	敵	奔	逃
하여금(사)	원수(적)	달릴(분)	도망(도)

원수들을 달려 도망가도록 하십시오.

願	主	閃	電

使	敵	奔	逃

주께 구하오니 번개를 번쩍이시어 원수들을 다려 도망 가도록하소서. (시 144:6)

Flash forth lightning and scatter enemies.

求你发出闪电, 使他们四散,

主	爲	至	大
여호와(주)	할(위)	이를(지)	큰(대)

여호와는 위대하시니,

極	當	頌	揚
극진할(극)	마땅(당)	칭송할(송)	날릴(양)

찬양할 것입니다.

主	爲	至	大

極	當	頌	揚

여호와는 위대하시니 찬양할 것이라. (시 145:3)

Great is the Lord, and highly to be praised.

耶和华本为大, 该受大赞美;

主	之	偉	大
여호와(주)	~의(지)	훌륭할(위)	큰(대)

여호와의 위대하심은

主	之	偉	大

深	妙	莫	測
깊을(심)	묘할(묘)	없을(막)	헤아릴(측)

측량할 수 없다.

深	妙	莫	測

여호와의 위대하심은 측량할 수가 없다. (시 145:3)

Great is the Lord, and greatly to be praised, and his greatness is unsearchable.

耶和华本为大, 其大无法测度.

敬	愛	主	者
공경(경)	사랑(애)	여호와(주)	사람(자)

여호와를 경애하는 자를

敬	愛	主	者

主	皆	保	護
여호와(주)	다(개)	지킬(보)	보호할(호)

여호와께서 다 보호하십니다.

主	皆	保	護

여호와를 경애하는 자를 여호와께서 다 보호하시도다. (시 145:20)

The Lord keeps all who love him.

耶和华保护一切爱他的人,

惟	彼	惡	人
오직(유)	그(피)	악할(악)	사람(인)

오직 악인들은

惟	彼	惡	人

主	悉	盡	滅
여호와(주)	다(실)	다할(진)	멸할(멸)

여호와께서 다 멸하실 것입니다.

主	悉	盡	滅

악인들은 다 멸하시리로다. (시 145:20)

All the wicked he will destroy.

却要灭绝一切的恶人.

阿	勒	盧	亞
언덕(아)	굴레(륵)	성씨(로)	버금(아)

할렐루야,

我	心	頌	主
나(아)	마음(심)	칭송(송)	여호와(주)

내 영혼아 여호와를 찬양하라.

阿	勒	盧	亞

我	心	頌	主

내 영혼아 여호와를 찬양하라.

Praise the Lord! Praise the Lord, O my soul.

你们要赞美耶和华! 我的心哪, 你要赞美耶和华!

生	存	之	時
날(생)	있을(존)	~의(지)	때(시)

(나의) **생전에**

必	頌	揚	主
반드시(필)	칭송(송)	날릴(양)	여호와(주)

여호와를 찬양하며,

生	存	之	時

必	頌	揚	主

(나의) 생전에 여호와를 찬양하며, (시 146:2)

I will praise the Lord while I live.

我一生要赞美耶和华!

歌	頌	我	主
노래(가)	기릴(송)	나(아)	여호와(주)

내 하나님을 찬송함은

至	於	終	身
이를(지)	~에(어)	끝날(종)	몸(신)

나의 평생 동안 할 것입니다.

歌	頌	我	主

至	於	終	身

나의 평생에 내 하나님을 찬송하리로다. (시 146:2)
I will sing praises to my God while I have my being.
我还活的时候要歌颂我的 神!

爾	休	倚	王
너(이)	그칠(휴)	의지할(의)	임금(왕)

너는 왕을 의지하지 말며

休	賴	世	人
그칠(휴)	의뢰할(뢰)	인간(세)	사람(인)

세상 사람들도 의지하지 말라.

爾	休	倚	王

休	賴	世	人

귀인들을 의지하지 말며 세상 사람들도 의지하지 말지니, (시 146:3)

*休(휴): 쉬다, 그치다, 말다, 그만두다, 멈추다.

Do not trust in princes, in mortal man, in whom there is no salvation.

你们不要倚靠君王, 不要倚靠世人;

其	氣	一	斷
그(기)	기운(기)	한(일)	끊을(단)

그의 호흡이 끊어지면

卽	歸	塵	土
곧(즉)	돌아갈(귀)	티끌(진)	흙(토)

흙으로 돌아가서,

其	氣	一	斷

卽	歸	塵	土

그의 호흡이 끊어지면 흙으로 돌아가서, (시 146:4)
His spirit departs, he returns to the earth.
他的气一断, 就归回尘土;

其	時	計	謀
그(기)	때(시)	꾀(계)	꾀할(모)

그날에 (그의) 생각이

卽	日	消	滅
곧(즉)	날(일)	사라질(소)	멸할(멸)

곧 소멸할 것이다.

그날에 (그의) 생각이 소멸하리로다. (시 146:4)

In that very day his thoughts perish.

他所打算的, 当日就消灭了.

阿	勒	盧	亞
언덕(아)	굴레(륵)	성씨(로)	버금(아)

할렐루야,

阿	勒	盧	亞

歌	頌	我	主
노래(가)	칭송(송)	우리(아)	여호와(주)

찬송하라 우리 하나님께,

歌	頌	我	主

할렐루야! 우리 하나님께 찬양하라, (시 147:1)
Praise the Lord! sing praises to our God,
赞美耶和华, 歌颂我们的神为善为美!

頌	讚	至	美
칭송(송)	기릴(찬)	이를(지)	아름다울(미)

찬송함이 아름답고

理	所	當	然
다스릴(리)	바(소)	당연(당)	그러할(연)

마땅합니다.

頌	讚	至	美

理	所	當	然

찬송함이 아름답고 마땅하도다. (시 147:1)

Praise the Lord, how pleasant and fitting to praise him.

赞美的话是合宜的.

我	主	至	大
나(아)	여호와(주)	이를(지)	클(대)

우리 주는 위대하시며,

能	力	無	邊
능할(능)	힘(력)	없을(무)	끝(변)

능력이 많으시며,

我	主	至	大

能	力	無	邊

우리 주는 위대하시며 능력이 많으시며, (시 147:5)

*邊(변): 가, 끝, 가장자리, 국토의 끝, 근처, 곁, 측면, 부근, 한계.

Great is our Lord and abundant in strength.

我们的主为大, 最有能力;

主	之	智	慧
여호와(주)	~의(지)	지혜(지)	지혜(혜)

주의 지혜는

主	之	智	慧

無	窮	無	盡
없을(무)	다할(궁)	없을(무)	다할(진)

무궁하십니다.

無	窮	無	盡

주의 지혜는 무궁하시도다. (시 147:5)

His understanding is infinite.

*in · fi · nite [ínfənit] a. 무한한, 무수한, 한량없는.

他的智慧无法测度.

馬	有	大	力
말(마)	있을(유)	큰(대)	힘(력)

말의 힘이 세다 하나

馬	有	大	力

非	主	所	悅
아닐(비)	여호와(주)	바(소)	기쁠(열)

여호와는 기뻐하지 아니하시며,

非	主	所	悅

말의 힘이 세다 하나 여호와는 기뻐하지 아니하시며, (시 147:10)
God does not delight in the strength of the horse.
神不喜悦马的力大,

人	能	疾	行
사람(인)	능할(능)	빨리(질)	행할(행)

사람이 빨리 달린다 하여

人	能	疾	行

非	主	所	悅
아닐(비)	여호와(주)	바(소)	기뻐할(열)

여호와는 기뻐하지 않습니다.

非	主	所	悅

사람이 빨리 달린다 하여 여호와는 기뻐하지 아니하시도다. (시 147:10)

He does not take pleasure in the legs of a man.

不喜爱人的腿快.

耶	路	撒	冷
예수(야)	길(로)	뿌릴(살)	찰(랭)

예루살렘아,

當	讚	頌	主
마땅(당)	찬양(찬)	칭송(송)	여호와(주)

여호와를 찬송하라.

耶	路	撒	冷

當	讚	頌	主

예루살렘아 여호와를 찬송할지어다. (시 147:12)

*讚(찬): 기리다, 찬양하다, 찬조하다, 고하다, 밝다.

Praise the Lord, O Jerusalem!

耶路撒冷阿, 你要颂赞耶和华!

爾	錫	安	乎
너(이)	주석(석)	편안(안)	~아(호)

시온아,

頌	揚	爾	主
칭송(송)	날릴(양)	너(이)	여호와(주)

(네) 하나님을 찬양하여라.

爾	錫	安	乎

頌	揚	爾	主

너 시온아, (네)하나님을 찬양하여라. (시 147:12)

Praise your God, O Zion!

锡安哪, 你要赞美你的 神!

降	命	在	地
내릴(강)	명령(명)	있을(재)	땅(지)

명령을 땅에 내리시니

言	速	頒	行
말씀(언)	빠를(속)	반포(반)	갈(행)

그의 말씀이 속히 이루어지신다.

降	命	在	地

言	速	頒	行

명령을 땅에 내리시니 그의 말씀이 속히 이루어지도다. (시 147:15)

*頒行(반행): 널리 세상에 배포함.

He sends forth his command to the earth, his word runs very swiftly.

他发命在地; 他的话颁行最快.

降	雪	如	毛
내릴(강)	눈(설)	같을(여)	털(모)

눈을 양털같이 내리시며,

降	雪	如	毛

撒	霜	如	灰
뿌릴(살)	서리(상)	같을(여)	재(회)

서리를 재같이 흩으시며,

撒	霜	如	灰

눈을 양털같이 내리시며 서리를 재같이 흩으시며, (시 147:16)
He gives snow like wool, he scatters the frost like ashes.
他降雪如羊毛, 撒霜如炉灰.

主	一	發	命
여호와(주)	한(일)	쏠(발)	명령(명)

그의 명령을 보내셔서

主	一	發	命

氷	卽	消	化
얼음(빙)	곧(즉)	사라질(소)	화할(화)

얼음을 녹이시고.

氷	卽	消	化

그의 명령을 보내셔서 얼음을 녹이시고, (시 147:18)
He sends forth his word and melts them,
他一出令, 这些就都消化;

主	使	風	吹
여호와(주)	시킬(사)	바람(풍)	불(취)

바람을 불게 하시니

主	使	風	吹

水	卽	流	動
물(수)	곧(즉)	흐를(류)	움직일(동)

물이 곧 움직이며 흐르는구나.

水	卽	流	動

바람을 불게 하신즉 물이 흐르도다. (시 147:18)

He causes his wind to blow and the waters to flow.

他使风刮起, 水便流动.

爾	曹	宜	當
너(이)	무리(조)	마땅(의)	마땅(당)

너희들은 마땅히

爾	曹	宜	當

天	上	頌	主
하늘(천)	위(상)	칭송(송)	여호와(주)

하늘에서 여호와를 찬양할 것이다.

天	上	頌	主

하늘에서 여호와를 찬양할지어다. (시 148:1)

Praise the Lord from the heavens.

你们要从天上赞美耶和华,

日	頭	月	亮
해(일)	머리(두)	달(월)	밝을(량)

해와 달아,

日	頭	月	亮

當	頌	揚	主
마땅(당)	칭송(송)	날릴(양)	여호와(주)

여호와를 찬양하며,

當	頌	揚	主

해와 달아 그를 찬양하며, (시 148:3)

Praise Lord, sun and moon,

日头月亮, 你们要赞美耶和华!

發	光	之	星
밝힐(발)	빛(광)	~의(지)	별(성)

밝은 별들아,

發	光	之	星

當	頌	揚	主
마땅(당)	칭송(송)	날릴(양)	여호와(주)

다 여호와를 찬양할 것이다.

當	頌	揚	主

밝은 별들아 다 그를 찬양할지어다. (시 148:3)

Praise Lord, all stars of light.

放光的星宿, 你们都要赞美耶和华!

天	上	之	雲
하늘(천)	위(상)	~의(지)	구름(운)

하늘 위에 있는 구름도

當	頌	揚	主
마땅(당)	칭송(송)	날릴(양)	여호와(주)

여호와를 찬양할 것이다.

天	上	之	雲

當	頌	揚	主

하늘 위에 있는 구름도 여호와를 찬양할지어다. (시 148:4)

Praise Lord, and the clouds that are above the heavens.

天上的水, 你们都要赞美耶和华!

此	皆	當	然
그(차)	모두(개)	마땅(당)	그러할(연)

그것들 모두가

此	皆	當	然

頌	揚	主	名
칭송할(송)	날릴(양)	여호와(주)	이름(명)

여호와의 이름을 찬양할 것은,

頌	揚	主	名

그것들이 여호와의 이름을 찬양할 것은, (시 148:5)
Let them praise the name of the Lord,
愿这些都赞美耶和华的名!

主	一	發	命
여호와(주)	한(일)	필(발)	명령(명)

주께서 명령하시므로,

便	皆	造	成
곧(변)	모두(개)	지을(조)	이룰(성)

곧 모든 것이 지음을 받았다.

主	一	發	命

便	皆	造	成

주께서 명령하시므로 곧 지음을 받았음이로다. (시 148:5)

For he commanded and they were created.

因他一吩咐便都造成.

當	然	地	上
마땅(당)	그럴(연)	땅(지)	위(상)

(너희들은) **마땅히 온 땅에서**

頌	揚	上	帝
기릴(송)	날릴(양)	하늘(상)	임금(제)

하나님을 찬양하라,

當	然	地	上

頌	揚	上	帝

(너희들은) 마땅히 온 땅에서 하나님을 찬양하라, (시 148:7)

Praise the Lord from the earth,

所有在地上的, 赞美耶和华.

蛟	龍	蒼	海
상어(교)	용(룡)	푸를(창)	바다(해)

바다의 괴물들과 모든 대양아.

蛟	龍	蒼	海

火	雹	雪	霧
불(화)	우박(박)	눈(설)	안개(무)

불과 우박과 눈과 안개와,

火	雹	雪	霧

바다의 괴물들과 모든 대양아. (시 148:7) 불과 우박과 눈과 안개와, (시 148:8)

Sea monsters and all deeps. Fire and hail, snow and clouds

大鱼和一切深洋, 火与冰雹, 雪和雾气,

遵	命	狂	風
좇을(준)	명령(명)	미칠(광)	바라(풍)

그의 말씀을 따르는 광풍과

遵	命	狂	風

諸	山	衆	嶺
모든(제)	뫼(산)	무리(중)	재(령)

산들과 모든 작은 산과,

諸	山	衆	嶺

그의 말씀을 따르는 광풍과 (시 148:8) 산들과 모든 작은 산과, (시 148:9)
Stormy winds that do his bidding. Mountains and all hills,
成就他命的狂风, 大山和小山,

結	果	之	樹
맺을(결)	실과(과)	~의(지)	나무(수)

과수와,

一	切	柏	木
한(일)	온통(체)	측백나무(백)	나무(목)

모든 백향목들과,

結	果	之	樹

一	切	柏	木

과수와 모든 백향목들과, (시 148:9)

Fruit trees and all cedars.

*ce·dar [síːdər] n. 히말라야 삼목, 삼목, 측백나무.

结果的树木, 和一切香柏树,

野	獸	牲	畜
들(야)	짐승(수)	희생(생)	짐승(축)

들 짐승과 모든 가축과,

野	獸	牲	畜

昆	蟲	飛	鳥
벌레(곤)	벌레(충)	날(비)	새(조)

곤충과 나는 새와,

昆	蟲	飛	鳥

들 짐승과 모든 가축과 곤충과 나는 새와, (시 148:10)

Beasts and all cattle, creeping things and winged fowl.

野兽和一切牲畜, 昆虫和飞鸟,

世	人	列	王
인간(세)	사람(인)	여러(렬)	임금(왕)

세상의 왕들과,

世	人	列	王

以	及	萬	民
써(이)	미칠(급)	일만(만)	백성(민)

그리고 모든 백성과,

以	及	萬	民

세상의 왕들과 그리고 모든 백성과, (시 148:11)

*以及(이급); 그리고, ~및, 아울러, ~까지

Kings of the earth and all peoples,

世上的君王和万民,

以	及	公	侯
공적(공)	후작(후)	써(이)	미칠(급)

방백과,

世	間	牧	伯
인간(세)	사이(간)	칠(목)	맏(백)

땅의 모든 재판관들이며,

以	及	公	侯

世	間	牧	伯

방백과 아울러 땅의 모든 재판관 들이며, (시 148:11)

Princes and all judges of the earth.

首领和世上一切审判官

壯	男	少	女
굳셀(장)	남자(남)	젊을(소)	여자(녀)

청년과 처녀와,

壯	男	少	女

耆	老	孩	童
늙을(기)	늙을(로)	어린이(해)	아이(동)

노인과 아이들아,

耆	老	孩	童

청년과 처녀와 노인과 아이들아, (시 148:12)

Both young men and virgins, old men and children.

少年人和处女, 老年人和孩童,

主	之	榮	耀
여호와(주)	~의(지)	영화(영)	빛날(요)

여호와의 영광이

主	之	榮	耀

上	顯	天	地
위(상)	나타날(현)	하늘(천)	땅(지)

천지에 뛰어나신다.

上	顯	天	地

여호와의 영광이 천지에 뛰어나심이로다. (시 148:13)
His glory is above earth and heaven.
耶和华的荣耀在天地之上

阿	勒	盧	亞
언덕(아)	굴레(륵)	성씨(로)	버금(아)

할렐루야,

阿	勒	盧	亞

新	歌	頌	主
새(신)	노래(가)	칭송(칭)	여호와(주)

새 노래로 여호와께 찬양하라.

新	歌	頌	主

할렐루야 새 노래로 여호와께 찬양할지어다. (시 149:1)

Praise the Lord! sing to the Lord a new song.

你们要赞美耶和华! 向耶和华唱新歌,

在	虔	誠	人
있을(재)	정성(건)	정성(성)	사람(인)

경건한 성도의

在	虔	誠	人

會	中	頌	主
모일(회)	가운데(중)	칭송(송)	여호와(주)

모임 가운데에서 찬양하라.

會	中	頌	主

성도의 모임 가운데에서 찬양할지어다. (시 149:1)
And his praise in the congregation of the godly ones.
在圣民的会中赞美他!

吹	角	頌	主
불(취)	뿔피리(각)	칭송(송)	여호와(주)

나팔 소리로 여호와를 찬양하며,

吹	角	頌	主

琴	瑟	頌	揚
거문고(금)	비파(슬)	칭송(송)	날릴(양)

수금과 비파로 찬양하라.

琴	瑟	頌	揚

나팔 소리로 찬양하며 수금과 비파로 찬양할지어다. (시 150:3)

*角(각): 뿔, 뿔피리(뿔로 만든 나팔), 술잔.

Praise him with trumpet sound, praise him with harp and lyre.

要用角声赞美他, 鼓瑟弹琴赞美他!

擊	鼓	舞	踏
칠(격)	북(고)	춤출(무)	밟을(답)

소고 치며 춤추어

擊	鼓	舞	踏

讚	揚	上	帝
기릴(찬)	날릴(양)	하늘(상)	임금(제)

하나님을 찬양하라.

讚	揚	上	帝

소고 치며 춤추어 하나님을 찬양할지어다. (시 150:4)
Praise him with tambourine and dancing.
击鼓跳舞赞美他!

彈	絃	簫	聲
연주(할)	악기줄(현)	퉁소(소)	소리(성)

현악과 퉁소로

頌	揚	上	帝
칭송(송)	날릴(양)	하늘(상)	임금(제)

여호와를 찬양하라.

彈	絃	簫	聲

頌	揚	上	帝

현악과 퉁소로 찬양할지어다. (시 150:4)

*彈(탄): 탄알, 연주하다, 타다(악기 줄을 퉁기다), 치다, 튀기다,

Praise him with stringed instruments and pipe.

用丝弦的乐器, 和箫的声音赞美他!

有	血	氣	者
있을(유)	피(혈)	기운(기)	사람(자)

호흡이 있는 자마다

有	血	氣	者

皆	讚	頌	主
무두(개)	기릴(찬)	칭송(송)	여호와(주)

여호와를 찬양하여라.

皆	讚	頌	主

호흡이 있는 자마다 여호와를 찬양할지어다. (시 150:6)
Let everything that has breath praise the Lord.
凡有气息的, 都要赞美耶和华!

참고문헌

성경

聖書 新公同譯, 社團法人 日本聖書協會, 1960.

現代中文譯本修整版 聖經, 香港聖經公會, 1962.

貫珠 聖經全書 大韓聖書公會, 1964.

新舊約全書 上帝版 聖經, 台灣聖經公會, 1997.

漢文聖經(1912年 發刊), 金炅洙編, 2010.

성경전서(개역한글), 대한성서공회, 1965.

새번역성경, 아가페출판사, 2002.

현대인의성경, 생명의말씀사, 2004.

성경전서(개역개정), 대한기독교서회, 2011.

NASB(New American Standard Bible) THE LOCKMAN FOUNDATION, 1960.

Holy Bible, United Bible Societies, 1965.

NIV(New International Version), United Bible Societies, 1973.

KJV(1611 Edition King James Version), 말씀보존학회, 2011.

성경 외

舊約註釋, 上海中國聖教書會印發, 1911.
新約註釋, 上海中國聖教書會印發, 1911.
기독교대사전, 조선출, 대한기독교서회, 1970.
성서백과사전, 성서교재간행사, 1980.
기독교대백과사전, 기독문화사, 1982.
국어대사전, 이희승, 금성출판사, 1992.
네이버 사전 (NAVER dictionary) dic.naver.com
대한성서공회 http://www.bskorea.or.kr
두피디아 https://www.doopedia.co.kr
브리태니커 백과사전 premium.britannica.co.kr
한국어 사전 https://ko.wikipedia.org/wiki/한국어_사전
한국어-히브리어 사전 https://ko.glosbe.com
홀리넷 http://www.holybible.or.kr

◦사자성경 감수 및 제언자 (가나다 순)

김용진 (숭실대학교 영어영문학과 교수, 언어학 박사)
김정일 (주성대학교 아동청소년문화복지과 교수, 철학 박사)
박미례 (중국칭화대학교 교수, 중문학 박사)
박정옥 (성결대학교 유아교육학과 교수, 아동학 박사)
서정민 (서울대학교 사회복지연구소 교수, 사회복지학 박사)
신언희 (성결대학교 사회복지학과 교수, 사회학 박사)
안영길 (성결대학교 국어국문학과 교수, 한문학 박사)
유진현 (신한대학교 식품조리과학부 교수, 영양학 박사)
이건수 (백석대학교 경찰행정학과 교수, 범죄학 박사)
이덕환 (명지대학교 교양학부 교수, 이학 박사)
이석우 (전 KBS 제작본부장)
정성길 (전 국방대학원 정책학부 교수, 정책학 박사)
조정길 (성결대학교 컴퓨터공학부 교수, 전산학 박사)
조회경 (성결대학교 국어국문학과 교수, 국문학 박사)
주시후 (협성대학교 교양학부 교수, 환경학 박사)
최락인 (성결대학교 국제개발협력학부 교수, 행정학 박사)
한기웅 (성결대학교 교양학부 교수, 문학 박사)
한승훈 (경동엔지니어링 부사장, 도시계획학 박사)

사자성경
2 시편

Ⅱ Psalms
Four-Character Idioms of Bible

2019. 2. 1. 초판 1쇄 인쇄 2019. 2. 15. 초판 1쇄 발행 **편저자** 정종기
펴낸이 정애주
국효숙 김기민 김서현 김의연 김준표 김진원 송승호 오민택 오형탁 윤진숙 임승철 임진아 임영주 정성혜 차길환 최선경 허은
펴낸곳 주식회사 홍성사
등록번호 제1-499호 1977. 8. 1. **주소** (04084) 서울시 마포구 양화진4길 3 **전화** 02) 333-5161 **팩스** 02) 333-5165
홈페이지 www.hsbooks.com **이메일** hsbooks@hsbooks.com
페이스북 facebook.com/hongsungsa **양화진책방** 02) 333-5163

이 도서의 국립중앙도서관 출판예정도서목록(CIP)은 서지정보유통지원시스템 홈페이지(http://seoji.nl.go.kr)와
국가자료공동목록시스템(http://www.nl.go.kr/kolisnet)에서 이용하실 수 있습니다.(CIP제어번호: CIP2019003366)
ISBN 978-89-365-1347-4(04720) **ISBN** 978-89-365-0551-6(세트)

홍성사.